格局决定视野

感受成功人士的大格局：

马云的格局

不是你的公司在哪里，有时候你的心在哪里，你的眼光在哪里更为重要。

曾国藩的格局

谋大事者首重格局。

乔布斯的格局
活着就是为了改变世界，难道还有其他原因吗？

比尔·盖茨的格局
我应为王。

卡耐基的格局

如果我们想交朋友，就要先为别人做些事——那些需要花时间、体力、体贴、奉献才能做到的事。

巴菲特的格局

我们之所以取得目前的成就，是因为我们关心的是寻找那些我们可以跨越的一英尺障碍，而不是去拥有什么能飞越七英尺的能力。

赫本的格局
若要优美的嘴唇，要讲亲切的话；若要可爱的眼睛，要看到别人的好处；若要苗条的身材，把你的食物分给饥饿的人；若要优雅的姿态，走路时要记住行人不止你一个。

希拉里的格局
大家一起来吧，人生短暂，别管头发淋湿这样的小事了。

格局

[台湾] 何权峰 著

江苏凤凰文艺出版社
JIANGSU PHOENIX LITERATURE AND
ART PUBLISHING, LTD

图书在版编目（CIP）数据

格局 / 何权峰著. -- 南京 : 江苏凤凰文艺出版社，
2014.11
ISBN 978-7-5399-6288-7

Ⅰ.①格… Ⅱ.①何… Ⅲ.①散文集－中国－当代

Ⅳ.①I267

中国版本图书馆CIP数据核字(2014)第248657号

本书中文简体字版经厦门墨客知识产权代理有限公司代理，由英属维京群岛商
高宝国际有限公司台湾分公司授权在中国大陆出版、发行。

书 名	格局
作 者	（台湾）何权峰
出 版 统 筹	黄小初　侯 开
责 任 编 辑	姚 丽
装 帧 设 计	苏 涛
责 任 监 制	刘 巍　江伟明
出 版 发 行	凤凰出版传媒股份有限公司 江苏凤凰文艺出版社
出版社地址	南京市中央路165号，邮编：210009
出版社网址	http://www.jswenyi.com
经 销	凤凰出版传媒股份有限公司
印 刷	三河市南阳印刷有限公司
开 本	880×1230毫米 1/32
字 数	60千字
印 张	7
版 次	2015年5月第1版　2017年10月第5次印刷
标 准 书 号	ISBN 978-7-5399-6288-7
定 价	36.00元

江苏凤凰文艺版图书凡印刷、装订错误可随时向承印厂调换

看一个人的身价，要看他的对手；看一个人的品格，要看他的好友。

看一个人是否好命，要看跟谁比；看一个人是不是人才，要看摆在哪里。

看一个人能爬多高，要看他根基多深；看一个人能装进多少，要看他空掉多少。

看一个人有没有自信，要看他是否真的相信；看一个人能否渡过难关，要看他的人生观。

看一个人能否达成愿望，要看他能否克服欲望；看一个人能否成就大事，要看他是否注意小事。

看一个人是否成功，不是看他赢了多少人，要看他成就了多少人；看一个人的结局，要看他有多大格局。

想象你是一个杯子，你能装多少水，了不起就这么一小杯，对吗？你拿一加仑的容器，就装载一加仑的水。决定你接收多寡的，即是你容器的大小，至于接收的内容是什么并无差别。

不管是侮辱、批评、攻击，或是得失、成败，对一个心胸"开阔"、有"大器量"的人来说，他的内心就像一个大湖，你丢进去一根火把，它很快就会熄灭；你丢进去一包盐，它很快就会被稀释。

反过来，如果你把一大把盐倒入一杯水中，这杯水还能下咽吗？

为什么有些人遇到一点小问题、小困难，就那么容易生气、挫败、难以消受？没错，是因为格局太小。

宋朝苏轼的《后赤壁赋》中有两句话："山高月小，水落石出。"在高山的反衬下月就变小，当水落下石子就显露出来。人不也一样？当失意、山穷水尽时，最能显露一个人的真实面貌——气度变大，抱怨就变小；胸襟变宽，路就变广；格局够大，问题就消失不见。

有个国王在墙上画了一条线，他问身边的智者："谁能在不碰触线的情况下，让这条线变细一点？"

所有人都觉得很困惑，他们认为那是不可能的！

然后其中一位智者走到墙边，在旁边画了一条比较粗的线，那条较粗的线并没有触碰到原来那条线，但当那条较粗的线被画出来时，第一条线就变细了。

山高，让你感觉到月小，但其实月并未变小，还是一样大；水枯，让石头露出水面，但其实石头并未移动，还是停在那里。不管遇到任何难题，你还是你。

人生的局面在你怎么看自己；在你所认识的人；在你说的每句话；在你给人的感觉；在你做事的态度；在你经历的遭遇；在你的每个念头；在你的所作所为。你需要的是"画出一条更粗的线"。

箭，本身没有劲道，可是放在拉满的弓上射出去，就可以射得很远；湖水看起来是静止的，可让它决堤往谷底一泻，石破天惊。看一个人的结局，就在格局。

目 录
Contents

Part 3
你说的每句话

Part 4
你给人的感觉

Part 5
你做事的态度

Part 6
你经历的遭遇

Part 7
你的每个念头

Part 8
你的所作所为

假设我们种一棵榕树，我们很细心地将它种在小盆子里，每天小心翼翼地看顾，用心去浇灌、施肥，但过了五年、十年甚至二十年，这棵榕树还是长不大，为什么？因为它的生长范围就只局限在小盆子里。

如果我们将这棵榕树种植在大地上呢？是不是完全不同？

Part 1

你怎么看自己

01 发现自己的"天才"

你怎么看自己？

如果我告诉你，人对自己的看法是由别人决定的，你相不相信？

自我首先是来自别人的看法，其次是自己内在的主观认定，但这认定往往也受别人的影响。

有个父亲在指导儿子打棒球，在一连几次挥棒落空后，爸爸对十二岁的儿子说："拜托，这种球连幼稚园小孩都打得到。"

一位妈妈指着女儿的房间说："你表妹总是把房间收拾得干干净净，你为什么不能？"女儿说："好啦，我待会儿收拾。"妈妈说："才怪！你只会光说不练。"

他们都说了什么？他们说你很邋遢；说你脑筋转得快；说你穿裙子好看；说你身材像水梨；说你反应迟钝……持续地收集这些意见，最终就形成了你对自己的看法。

自己都不清楚的人，又怎么能够了解你？

你很可能也有同样的经验，就是在那些不设防的时刻，某人出其不意的一句伤害或赞赏的话，被你接受成为自我形象的一部分。

我认识一位太太，她少女时穿了件有蕾丝花边的洋装，大家都说美呆了。如今，年过七十岁的她还经常这么穿。

反过来，假如你有个老爱批评、贬低你的亲友、师长、老板或男/女朋友，不用多久，你可能就会开始透过他们的眼睛来看自己，然后真的表现得如他们所说的一样。

十岁时，我因上课心不在焉，被叫起来问话，结果一问三不知，老师当全班同学的面，毫不留情地骂道："那么简单的问题都不会，真是笨蛋！"说也奇怪，此后我真的开始变笨，就连很简单的问题都不会。

还好后来我慢慢发现自己的"天才"，有了新的自我形象，才把这张"标签"撕下。

你对自己有哪些负面印象？笨、讨厌、幼稚、害羞、胆小、没人爱、罪恶感、没运动细胞、手艺不好……这些印象是在什么时候、在哪里，是如何深植你心的呢？是被谁灌输的呢？好好地、仔细地想一想。

为什么要听别人的呢？这些人很可能也是从别人那里得到对

自己的概念，像这样连自己都不清楚的人，又怎么能够了解你？

鸟可以飞过你的头顶，但它不能在你头上筑巢

保罗·塞尚是法国一位著名的画家。有一次，他和朋友谈论自己早期的经历，以及他是如何获得艺术成就的经验。

塞尚说："我一生下来就是个奇迹。"

朋友问："为什么这样说呢？"

塞尚笑道："从我生下来那天起，所有的人都认定，如果我将来能成为了不起的人的话，那一定是个奇迹。"

说得好！

任何鸟都可以飞过你的头顶，但它能不能在你头上筑巢，全凭你自己决定——你也可以创造自己的奇迹。

苏俄小说兼剧作家，安东·柴可夫说："人是自己认为的样子。"你向世人所呈现的，正是你内在的感受。

只可惜我们对自己的看法与其说是我们的感受，倒不如说是别人对我们的感受。

那该怎么办？你可以下决心并清楚描绘出你最想成为的理想人物的形象。

决定了新的自我形象，也决定了你认为自己是什么、会做什么，以及你能变成什么。

你可以在笔记本或空白卡片上写下来：如果我就是这样的人，我会怎么思考、说话，会有什么样的行为。现在就开始做吧！

你看重什么，什么就有价值

你是否曾被别人贬损的话弄得自惭形秽？是否因没得到某人的重视、赞赏而心情低落？或是因爱人移情别恋，就觉得自己一文不值？

如果你答"是"的话，就表示你还不懂得自己的价值。

举例来说，如果你年薪高达五百万元，被人拿走五百元时，你不会心情低落，可能自认倒霉就算了。但如果你只有五百元，结果被人全部拿走，你的反应自然大不同。这个人等于拿走了你全部的财产，你当然会气愤难过。

同样，有自我价值的人不会因为别人的看法而否定自己，不会因为不被肯定而感到情绪低落，或是因为得不到某人喜爱，就觉得自己一文不值、一无是处。

她选择西瓜，并不表示葡萄就不好

几天前，我的一个学弟向我谈起女友移情别恋的痛苦往事。
"我听说他们快结婚了，我真的很没用……"我明白地告诉他，
谁要跟谁在一起，都是自己的选择，跟你并没有直接关系。

然而他一直认为，如果他能找到更好的工作、赚更多钱，
女友就会是"他的"。我同意，不同的人自然会吸引不同的对
象，但是，没被选择并不代表就是不好。"就好像有人喜欢葡
萄，有人喜欢西瓜，"我举例说："如果你的女友选择西瓜，
并不代表葡萄就不好。"

"是啊，那当然。"

"那你应该知道，她选择别人并不表示你没有价值。"

如果你是名牌，你会因为别人嫌你卖得贵，就涂改"标
价"，或是有人不想买，就变不值钱吗？

自我价值不是别人的评价

我想起一则改编的故事。有个生长在孤儿院的小男孩，常
常悲观地问院长："像我这样没人要的孩子，在这世上有什么
价值呢？"院长笑而不答。

一天，院长交给男孩一块美丽的石头，说："明天早上，你拿这块石头到市场上去卖，记住，无论别人出多少钱，绝对不能卖。"

第二天，男孩拿着石头蹲在市场的角落，有不少好奇的人对他的石头感兴趣，而且价格越出越高。回到院内，男孩兴奋地向院长报告，院长笑笑，要他明天拿到黄金市场去卖。在黄金市场上，有人出比昨天高十倍的价格来买这块石头。

最后，院长叫孩子把石头拿到宝石市场去展示，结果石头的身价又涨了十倍，且因为男孩怎么都不肯卖，竟被大家传为"稀世珍宝"。

男孩兴冲冲地捧着石头回到孤儿院，把这一切讲给院长听，并问为什么会这样。院长望着孩子慢慢说道："人的价值就像这块石头，在不同的环境下就有不同的价值。你不也像一块石头吗？只要自己看重自己、自我珍惜，生命就有价值。"

钻石、黄金、珠宝都是石头，他们跟地上的石头有什么不同？其实，价值都是人定的，小孩可以把一颗漂亮的小石头当珍宝；大富豪比尔·盖茨即使可以买下一卡车的宝石，但他若不喜欢、不重视，那些宝石也就没什么价值。

明白了吗？自我价值是由自己决定，而不是由别人的评价决定的，亦无须把别人的价值当自己的。

　　当你谈恋爱时，你非常珍惜那个人，隔一阵子你不再喜欢对方了；你不再像以往那么重视对方，你重视的或许是另一个人了。你所爱的人变差了吗？不一定，甚至根本没变。

　　或许你本来很喜欢猫，现在却喜欢狗。是什么改变了它们的价值？很显然，价值来自你的选择；你看重的是什么，什么就有价值。这就是自我价值。

03 / 全然接受这样的我

一般人多多少少都不怎么满意自己的外表。对你来说，不满意的地方有哪些呢？身高、肤色、鼻子、腿部、腹部、胸部，或者你觉得自己太胖？大多数人只要有一两项不满意，就会贬低自己的价值。很少人会这样告诉自己："这就是我，我长得就是这样！"反而会花费无数的时间和金钱，设法让自己看起来和某个明星一样。

当然，努力让自己看起来漂亮并不是坏事。不好的地方在于：有些人会以外貌、穿着打扮作为自我评价的标准。人们甘受媒体操纵影响，将媒体认为"美丽的"尺度加诸自己身上，来评断自己或对别人品头论足。在这样的情境下，对自己感到不满也就不足为奇了。

不是别人的攻讦，而是自我的折磨

"我已经厌倦为了让自己变得更瘦、穿得最潮，或是化最时尚的妆，而拼命努力。"有位读者写信告诉我："我想要人们因为我是我、因为我的内在而喜欢我。"

有个女生在青春期时，母亲总对她说："如果你瘦下来，就会很美""如果你青春痘少一点，就会很美""如果你头发留长一点，就会真的很美"。等到了二十几岁，这个年轻女孩回道："我本来就很美。"当场令母亲哑口无言。

觉得自己很美，并不代表自恋，这和一般人的想法大相径庭；反倒是那些对自己外表不满意的人，才会过分把注意力集中在自己身上。

想想，既然上天给我们不同的外表，而这外表就是你我的特色，也就是"你之所以为你"的原因。为什么不大方地接受呢？

不管有多少缺点，我就是我

有一个年轻人，他脸上有一块巨大而丑陋的胎记。紫红的胎记从他脸上竖着延伸下来，英俊的脸由于胎记而变得狰狞吓人。

但外表的缺陷掩盖不了这位年轻人友善、幽默、积极向上的性格，凡是和他交往过的人，都会不由自主地喜欢上他。

他经常去演讲。刚开始，观众的表情总是惊讶、恐惧，但等他讲完，人人都心悦诚服，场下掌声雷动。

一次，有位观众向他提出了埋藏心里已久的疑问："你是怎么应付那块胎记的呢？"言下之意是：你是怎么克服那块胎记带给你的尴尬和自卑的？

他说："应付？我向来以它为荣！很小的时候，我父亲就告诉我，'儿子，你出生前，我向上帝祷告，请他赐给我一个与众不同的孩子，于是上帝给了你特殊的才能，还让天使给你做了个记号。你脸上的标记就是天使吻过的痕迹，他这样做是为了让我在人群中一下子就能找到你。当你和别的婴儿一起睡在婴儿室时，我也能立刻知道，你是我的！'"

他接着说："小时候，父亲一有机会就讲这个故事给我听，所以我对自己的好运深信不疑，甚至为那些脸上没有红色'吻痕'的孩子感到难过。我当时以为，陌生人的惊讶是出于羡慕，于是我更加积极努力，生怕浪费上帝给我的特殊才能。长大以后，我依然觉得我父亲没有骗我；每个人都会从上帝那里得到特殊的才能，而每个孩子对父母来说都是与众不同的。正因为有了那块胎记，我才会不断奋斗，取得今天的成绩，它何尝不是天使的吻痕、幸福的标记呢！"

　　是啊！不管有多少缺点，我就是我，我不可能成为别人。不论媒体怎么变，有自信的人最美，那是不变的。我们要学习的是"把缺点当特色"，自然地展现自己特有的风格，而不是把心力放在身体的"小瑕疵"上。

许多压力的来源并不是别人的攻讦，而是自我的折磨。

你竟是自己的敌人，你从来不接受自己本来的模样，这多么令人惊讶；你期待别人喜欢你，而你本身却不喜欢你自己。

有"人文学者的君王"之称的伊拉斯莫斯（Desiderius Erasmus）说过："能享有快乐幸福的主要原因在于，承认和面对'你就是你'这个事实。"

试想，如果你无法完全地接受自己，又怎能期待别人来接受你？如果你对自己不满，又如何过上美满的生活？

04 / 人是不能拿来比较的

你曾觉得自卑或矮人一截吗？若是的话，仔细想想：你是在和谁比？是那些看来漂亮、聪明或有才艺的人，对吗？

假如你喜欢跟人比，你将很难快乐。随便拿起一本杂志，你就会看到有人比你有钱、比你苗条、比你时尚。看看你身边，总有人看起来比你有自信、比你有才华、比你成功、拥有的比你更多……如果你持续比较的话，你注定是挫折的。

就好像当你走进果园，经过一棵很高的椰子树，如果你拿它和自己比，你就会觉得自己好矮；但如果你不比较的话，便能单纯享受它，而不会有任何问题。椰子树确实很高大，那又怎么样呢？你认为苹果树会因为椰子树长得比它高而觉得难过吗？

椰子长得高，苹果漂亮香甜；每个人都有所长，也有所短。短跑的高手，不见得能长跑，会登山的不见得会潜水，有漂亮脸蛋的不见得有灵活矫健的身手。每个人天赋不同，是不能拿来一起比较的。

你在羡慕别人，或许别人也在羡慕你

一只娇小的麻雀停在动物园的大树枝上，看到一只孔雀正在展开美丽的雀屏，麻雀想到自己是如此平凡庸俗，不禁感到自卑。

到了晚上，麻雀做了一个梦，梦里它变成了美丽的孔雀，正在展开美丽雀屏的同时，树后的野狼竟伺机扑来，它立刻舞动翅膀急切地想逃脱，却发现自己飞不起来。

麻雀惊醒过来，幸好，只是一场噩梦罢了。

当它早上飞到高山上觅食时，又看见一只老鹰飞得又快又高，威风凛凛，气势浩然，它觉得比起老鹰来，自己实在太渺小了。

到了晚上，麻雀又做了一个梦，梦到自己变成了老鹰，翱翔在天空中，可是，以往的朋友却离它远远的，不敢与它为伍，深怕被它一口吞进肚里。

麻雀次日早晨醒来，看看自己还是麻雀的身体，想起孔雀的绚丽风采、老鹰的威风凛凛，但这些都是不适合自己的生活方式，还是当只自由自在的麻雀最幸福。

你在羡慕某人比你聪明、比你会画画的时候，或许他也正在羡慕你比他歌喉好、跑得比他快呢！如果浪费生命在比较、在寻找自己所缺少的东西上，就永远不会对已经拥有的事物感恩。

试想，如果一只鸭子想跟小鸟一样飞上枝头；一只鸡想跟鸭子比游泳，又怎么可能快乐？

与别人相比是没意义的，你应该跟自己比，看自己是不是尽力了，是否做到了最好的自己。

人们常会问："哪一种水果最好？"答案是："每种都好，水果沙拉里的每种水果若能保持自己的风味，整盘沙拉将会特别可口。"

05

你是否放对了自己的位置？

一支巧克力冰淇淋，含在嘴里，感觉津津有味，然而如果有人不小心，把它掉在你的衣服上，你就会觉得恶心。

一双昂贵的名牌球鞋穿在脚上，会让你高兴，但要是有人将那双鞋摆在你用餐的桌子上，你就会不高兴地说：脏死了！

可见美好的东西，要是放错了地方，也会被人厌恶。

宝物放错地方变成废物

曾读过一则故事：某座城镇的人口并不是很多，相对地商店也少；而这些商店的老板想请到好员工并不容易。

有一天，开速食店的老板跟开清洁公司的老板在路上巧遇，聊了起来。

速食店老板说："我最近很倒霉，请到一个很差劲的员工。他反应、做事都很慢，只要客人一多，他就慌慌张张，不知如何是好。好几次客人等得不耐烦，破口大骂，害我只能一一赔不是，所以不到两个月，我就把他开除了！"

清洁公司老板则说："听你这么说，我觉得自己的运气真是好极了！我最近遇到一位很优秀的员工，他做事非常细心，任何小地方乱了、脏了，都逃不过他的眼睛，所以许多顾客都指名要他打扫，让我多赚了不少钱！"

说到这里，清洁公司老板顿了一顿："对了！我听说他上一份工作，就是在你的速食店呢！"

速食店老板连忙问："真的吗？他叫什么名字？"

清洁公司老板说出名字后，速食店老板愣住了。原来，他们口中"最差劲的员工"与"最优秀的员工"，根本就是同一个人！

我也听过，有个女孩刚从大学商学院毕业，很顺利地进入某家私人公司做公关，然而，几年下来，她却做得很不顺心。原因是她太过敏感了，别人一句不经意的话，都让她耿耿于怀，这个缺点让她在从事公关工作时，感到非常挫折和痛苦。

某个星期天，本身是基督徒的她沮丧地来到教会聚会，将一肚子苦水一股脑儿地全向牧师倾吐，牧师忽然灵光一闪，说："既然你对细节这样敏锐，何不改行做会计呢？别做公关了，不妨试试管账吧！"

她想想觉得有理，便花了几个月的时间，把过去所学的财务专业加以温习，几个月后，她主动申请调到会计部门。果然，她那个过度敏感的"缺点"在会计部门反而如鱼得水。自此，不再有同事说她不称职，主管还称赞她"很细心"，是个不可多得的人才！

放对位置，你也是"可造之材"

可不是吗？同样的一杯咖啡，放在便利商店，价值二十元，放在五星级酒店就变两百元，端看你摆在哪里。神经质，放对地方就变成细心敏锐；急性子，放对地方就变成积极进取；慢郎中，放对地方就变成细心稳妥……

那些有杰出成就的人，就是因为他们懂得把精力放在自己最擅长的地方；同样，许多人失败，也不是因为能力差、努力不够，而是放错了地方，以至于无法发挥所长。富兰克林说："宝物放错地方便是废物。"就是这个意思。

人生，永远会有"其他的可能"。一块地，不适合种麦子，可以试试种豆子，豆子收了可以拿去卖，如果卖不完，就拿回家浇水让豆子发芽变豆芽；豆芽卖不完，就让它再长大些，变成豆苗；豆苗卖不完，就让它再长大些，移植到花盆里，当作盆景来卖；盆景卖不完，就把它移植到泥土里，让它生长，结出许多新豆子，把几颗豆子变成千万颗豆子。

这世上没有任何一个人是没用的，只要你能找到自己的天赋、选对舞台，你也是"可造之材"。

每个人在出生时都被赋予了一项礼物：一个特别的优势或才能。而我们的任务便是去发现、培养及善用它。

如果你找不到，可以问问朋友或亲近的人。

如果你不确定，可以回想一下，在过去的生活中，有哪些事情让你乐在其中？想想看，你曾经做什么事情做到浑然忘我，甚至在众人都不为所动时，你仍然陶醉其中？有吗？

不然就想想你最感兴趣的是什么？最擅长的是什么？是运动、唱歌，善于交际，还是工作能力很强？不管你擅长的是什么，这就是你的天赋，是上天给你的礼物。

天赋就像一张支票，除非把它兑现，否则毫无价值。

06

格局，决定一个人的结局

　　安东尼·罗宾曾讲过这样一个故事：许多年前，重量级拳王吉姆在例行训练途中看见一个渔夫正将一条条鱼往上拉。吉姆注意到，那渔夫总是将大鱼放回去，只留下小鱼。吉姆好奇地上前问那个渔夫为什么只留下小鱼，放掉大鱼。

　　渔夫答道："老天，我真不愿意这么做，但我别无选择，因为我只有一个小锅子。"

　　我们常听人家说："我只有高中学历"、"我只有这么一点钱"或是"我只是个看门的"、"我只是个普通学生"、"我不过是个家庭主妇"之类的话，这就像这渔夫一样，我发现人们很难突破现况，往往不是因为实力不够，而是在心理上也有个"小锅子"。我们常默认一个"不可跨越"的门槛，将自己局限住了，以至于停滞不前。

只要有心，没有什么是不可能的

假设我们种一棵榕树，我们很细心地将它种在小盆子里，每天小心翼翼地看顾，用心去浇灌、施肥，但过了五年、十年甚至二十年，这棵榕树还是长不大，为什么？因为它的生长范围就只局限在小盆子里。

如果我们将这棵榕树种植在大地上呢？是不是完全不同？

一棵大树，大到可以让人们在底下乘凉的大树，也是从一粒种子生长起来的。种子就是树木，只不过种子是尚未显示出来的大树，所以不要因为种子很小，就认为它不重要。同样，也不要小看自己的潜能，它就在我们心里。当我们相信，跨出充满信心的步伐，让自己成长，就能像根植大地的树木一样，突破限制，更上一层楼。

到研训所上课时，学员们都踊跃发表"心得"，我曾听过很富启发性的一句话："人们常说世界上最宽广的东西是海洋，但天空却比它更辽阔，其实世界上最辽阔的，是我的心。"是啊，只要有心，没有什么是不可能的！

人生不设限，成功无上限

我想起一则故事，是关于小鹰们最重要的一天：它们准备离巢单飞。

大老鹰描述它的历险故事时，一窝小鹰频频插嘴。

"我能飞多远？"有只小鹰问。

"你能看多远？"大老鹰回答。

"我能飞多高？"小鹰又问。

"你能展翅多远？"老鹰回问。

"我能飞多久？"小鹰继续问。

"地平线有多远？"老鹰反问。

"我能有多少成就？"小鹰问。

"你有多少信念？"老鹰问。

小鹰对这个对话游戏感到不耐，带着质问的口气说："你为什么不回答我的问题？"

"我有回答啊。"

"是有，但你用问题来回答。"

"我尽我所能地回答你的问题了。"

"不过你是大老鹰，你应该什么事都知道。如果连你都不能回答这些问题，又有谁能回答？"

"你。"睿智的大老鹰很笃定。

"我？怎么可能？"小鹰一头雾水。

"没有人能告诉你，你能飞多高或成就多少，每只鹰的答案都不一样，只有你自己能决定。"

小鹰很困惑，又问："我该怎么办？"

老鹰望了望天空回答道："望着地平线，展开双翅，飞吧！"

叹气是最浪费时间的事情，哭泣是最浪费力气的行径，为什么不争气？

林肯有句名言："喷泉的高度不会超过它的源头，一个人的成就也是如此，绝不会超过自己的信念。"

懂得放下心中的"不可能"，才能释放生命的"无限可能"。

拿破仑·希尔说过："你生命中唯一
的限制，是你心中为自己所设的限制。"
那些相信自己能做到和那些相信自己做不
到的人，都没有错。

人生就像大海，大海多么丰裕，而海
中所蕴藏的，人人都可以得到，就看你手
中拿着怎样的器具盛载。

如果你只拿一个小锅子，如何能抱怨
海洋吝啬呢？

我们与认识的每个人之间都有一个户头，在这个账户里，通常都是你欠我、我欠你的，如果一方欠得多，关系就会有危机。反之，里面的存款越多，关系就越稳固，即使偶尔发生状况而支领，也不至于因此透支。

这户头就是"情感账户"。如同银行户头一样，它可以存款与提款；每次我们与人互动，若不是在储蓄，就是在提领。

Part 2

你所认识的人

07

也许你该换的是朋友

碰过花的手会有香味，碰过鱼的手会有腥味，朋友之间的影响力也是如此，你跟什么样的人在一起久了，就会变成什么样。所以，千万要注意你交往的对象。

我们一直持续受到周遭人的影响，这是人们很少意识到的事实。和勤奋的人在一起，你不会懒惰；和积极的人同行，你不会消沉；和有远大理想的人在一起，你不会轻言放弃；与高人为伍，你能高人一等。你的命运决定于你交往的对象，在于你选择的朋友。

与狗躺在一起，就会有跳蚤

假如你希望自己更好的话，你的朋友一定要比你更优秀，因为只有他们可以分享给你他们成功的秘诀。若老是跟同一群人做同类的事，你的成长是有限的。

　　若你希望自己有好的人生态度，就要跟积极的人在一起，因为当你遇到挫折、感到消极的时候，看到他们如何面对困难、面对挑战，你的行为思想就会被他们影响。就像海伦·凯勒和苏利文，爱因斯坦与史怀哲，爱迪生与福特，甘地、泰戈尔与蒙特梭利，诺贝尔与雨果，他们都是互相成长的伙伴，被传为美谈。

　　如果你希望更有决心，你必须跟有行动力的人在一起。若你本身是一个很积极的人，却经常跟消极的人在一起，也会变消极，你会发现悲观是会传染的。

　　有一则寓言故事是这么说的：有一天，一个人在路旁发现了一堆芳香的泥土，他如获至宝般地把它带回家，一时间满室生香。那人问泥土："你是价值连城的宝贝吗？"泥土回答说："我只是一堆普通的泥土罢了。"那人又问："你为何有那样浓郁的香味呢？"泥土笑了笑，答道："其实并不值得惊讶，我只是和玫瑰相处过一段时间罢了！"

　　与玫瑰在一起久了，也会沾到花香，与狗躺在一起，就会有跳蚤。你不能成天与负面的人搅和在一起还指望能过正面的生活，你也不可能终日与一群颓废的人相处，而又保持奋发进取的态度。

和不一样的人在一起，才会有不一样的人生

作家吉姆·罗恩是对的，他说："你最常往来的五个人，其平均值就是你。"

你去注意一下，那些常抽烟、喝酒、赌博、爱玩乐的人，周遭必定也有一群这样的朋友。如果你问年轻的罪犯第一次吸毒或犯罪是跟谁一起，答案总是千篇一律："我和朋友一起。"很多在铁窗里忏悔的罪犯，都是从交错朋友开始的。

现在，请仔细思考一下自己目前的朋友有哪些，他们是在帮助你往前，还是让你往后退？他们引发出你的良善，还是邪恶？如果是后者，劝你还是少来往为妙。

有一次汽车大王亨利·福特在家餐厅里被问道："你最好的朋友是谁？"福特想了一下，然后拿出他的笔，在桌巾上写下大大的字："引导出你最好一面的人便是你最好的朋友。"

你想改头换面吗？也许你该换的是朋友。没错，只有和不一样的人在一起，才会有不一样的人生！

大文豪塞万提斯说："将你同伴的行为告诉我，我就能告诉你，你是个怎么样的人。"

观其友而知其人。只需看一个人结交哪一类的朋友，就可以知道他是什么样的人；反过来说，只要看经常和你来往的人，也可以看出你是怎样的人。

如果你的朋友都很优秀，你必定也不差；如果你的朋友都做一些鸡鸣狗盗的事，那你绝对也不是什么正派的人。你的朋友是一面镜子，可以显示出你是什么样的人。

08 / 要看自己的背，而不是让人狼狈

据说希腊神话中的天神普罗米修斯（Prometheus）造人的时候，在人的脖子上挂了两个袋子，一个袋子装别人的缺点，挂在身前，另一个装自己的缺点，挂在身后，所以人很容易看到别人的缺点，而看不到自己的。

我们都需要有人告知缺点，让我们看见自己需要改进之处。但遗憾的是，多数批评的本意并非出于善意；并非是要造就人，而是常常试图蓄意伤人。

大家对这种人应该都不陌生，他们喜欢灭他人威风来长自己志气。他们可能刻意贬低你，对你说些讥讽、刻薄、傲慢的话，或对你漫不经心，目的都是想借此提升自己价值。

果实累累的树必会有人拿石头砸

如果你得到赏识，受到众人肯定，不要讶异批评者会从四

处冒出来。你越成功发达，就会遇到越多这样的人。我听说马修布拉在华尔街美国国际公司担任总裁时，有人问他是否对别人的批评很敏感。他回答：

"是的，我过去曾经对这种事非常敏感，因为当时我极力想让公司里的每一个人都认为我非常完美，只要有人不这么想，我就会觉得忧虑。某个人对我有怨言，我就想办法取悦他，可是我讨好了他，又会让另一个人生气，然后等我想满足这个人时，又会惹恼其他人。最后，我发现，我越想讨好别人，就越招来批评，就让'敌人'变得更多。于是我对自己说：'只要你超群出众，就一定会受到批评，所以还是趁早习惯吧。'从此，我尽自己最大的能力做所有的事，且不再管任何批评。"

不如去问电线杆对狗有什么看法

像马修布拉一样，年轻时的我，有时也会让自己深受别人批评的折磨，直到有一天我请教一位外交官朋友，他说："问我对批评的看法，还不如去问电线杆对狗有什么看法。"真是一语道破！批评反映出批评者的程度，更甚于反映受批评的人。

　　此后，每当有人给予我评论，我会先去了解他的话是建设性的，还是破坏性的，建设性的批评是有用的，破坏性的则会让人觉得自己没用。更进一步说，前者可以帮我看清自己，后者让我看清对方是怎样的人。狗会对电线杆撒尿，这有什么好怀疑，或值得生气的呢？

　　你怎么看待批评，就看你想看到自己的背，还是想让人狼狈。

别人对你说什么，只是反映了他们是怎样的人。他们的批评很可能是因为他们对自己不满，或者他们就是自己所批评的"那种人"。

反过来，每当受到批评，你会气愤、会去反击，那也反映了你的自我认知，任何让你受伤的也是你对自己的批评。

你要问的是，你的内在是否有一个部分在批评自己？在你放掉对自己的批评后，你将较少感觉到别人的批评；当你看清它们跟你无关，你就不会受到影响。

你的情绪是自己的，还是别人的

那个人为什么用那种态度对我？为什么对我说那些话？你胡思乱想：我是不是做错了什么？还是哪里得罪了他？……

很多时候，别人对我们发脾气、态度恶劣、言语刻薄，错并不在我们，它所反映的只是对方目前的情况。就像有时我们的朋友和所爱的人会在没有明显理由的情况下攻击我们，对我们挑剔、发怒或喋喋不休。事后当我们询问他们原因时，他们会说："对不起，我今天在办公室受了一肚子气。"我们都有过这种经验，心情不好的时候，即便一点小事也会触怒我们，不是吗？

当然啦，即使了解了其中的缘故，要对着怒气不受影响还是很难，我们依然会感到不平和委屈。"他凭什么这样对我！"你可能会说："为什么我不该回嘴？为什么我不该生气？"或许吧，但真正损失的是你：是你会失去平衡，是你会失去平静，是你在浪费生命。

疯狗会乱咬人，但人不会去咬狗

某天，有位心理医师跟他的朋友在散步，他的病人——一个疯子，冲过来从背后重重地打他。那个心理医师摇晃了一下，倒在地上，而那个人立刻逃走了。之后心理医师站起来，整理一下衣服，继续往前走。

他的朋友感到很惊讶，问说："你不想采取什么行动？难道这样就算了吗？"

那个心理医生只说了一句："这是'他的'问题。"

各位听懂了吗？那个重击是"疯子有问题"，而不是"心理医生的问题"。同样的情形，如果有人打击你，那是"他的"问题；如果有人辱骂你，那是"他的"问题；如果有人乱来，那还是"他的"问题。就像有位动物园管理员说的："即使成天处在怒吼的动物之间，也不意味着你必须要同样吼叫。"疯狗会乱咬人，但人不会去咬狗，为什么？因为除非你也疯了。

他有生气的权力，你有不接受的权力

这故事许多人应该都听过：一次佛陀在旅途中，碰到一个不喜欢他的人，连续好几天，那个人都用各种方法来侮辱他。

最后，佛陀转身问那个人："若有人送你一份礼物，但你拒绝接受，那么这份礼物最后会属于谁？"

那个人回答："属于原本送礼的那个人。"佛陀笑着说："没错！若我不接受你的谩骂，那你就是在骂自己啰？"那个人摸摸鼻子走了。

佛陀说："当我拒绝接受虐待者的虐待时，他恶毒的礼物将被退还，而被施虐者本身所收回。"

他有生气的权力，你有不接受的权力。你用不着非要当块情绪海绵，吸收周遭所有的情绪。学着去区分你感受到的情绪究竟是属于自己的，还是别人的，如果是别人的，就物归原主吧！

　　当有人打击你，你立刻反击回去，就等于是吃下对方的情绪垃圾，把它变成自己的垃圾。

　　你很气某人，不想让他好过，但是当你让他"难过"的时候，你自己好过吗？

　　想想，你抓一把垃圾砸别人，先弄脏的人是谁，是你自己，对吗？

　　有一首打油诗说得好："别人生气我不气，我若气死中他计，气得生病无人替，不气不气不能气。"千万别把自己变成人家丢什么，就吃什么的垃圾场。

10 / 多连结，不打死结

　　有智慧的人不会跟角度不同的人争吵，因为世上没有一个人的生命经历和另一个人完全相同，也没有两个人的观点和想法会一模一样，也因此，每个人看世界的角度都不一样。

　　在一个夜里，有个人到朋友家喝茶闲聊。他们激烈地争论一个问题：人到底从哪里开始生长？

　　"这还用问！"一个人叫道："傻瓜都知道人从脚开始生长。"

　　"你有什么证据？"另一个问。

　　"几年前，我买的裤子太长，都垂到地上了。但现在你看看，它变得那么短。这就是证据！"

　　"胡说，任何长眼睛的人都能看到人是从头开始长的。"另一个坚持道："就在昨天，我看见一队士兵在演习，因为是大白天，我看得很清楚，他们底下的脚都是一样的，但看头的话，高矮就不一样了！"

唯一的想法是最危险的想法

这并没有谁对谁错。有时候，别人看起来毫无道理可言，但他们只不过是跟我们的角度不同，或是看到了我们没看到的事。然而如果我们坚持只有自己才是对的，就没有转圜的余地了。

法国哲学家夏提埃曾说："唯一的想法是最危险的想法。"世界上的道理都是"活"的，都是不一定的，你所坚持的若是一定的话，这道理必是"死"的。

如果你问某些人为什么生彼此的气，常常吵架，他们多半会回答："因为我们看法不同。"在亲子及两性问题中，最常见的就是双方困惑为何对方不能和他想法一样。很少人会反过来想：当他坚持自己是对的时，要如何沟通？你怎么可能跟一个抱定一己之见的人说话呢？那就好像对一面墙壁说话。

人际关系会陷入僵局也一样。我们常会欣赏某些人，同时也会疏离或排斥一部分人，就像我们常听到的："我就是和某某人合不来"、"我就是看不惯某人"。而之所以合不来、看不惯，主要也是因为不接受彼此的差异性。

重要的不是角度，而是你的广度

　　和人相处，如果总是在强调差异，就不可能相处融洽，强调差异会使人与人之间的距离越来越远。反之，如果把注意力放在别人和自己的共同点上，与人相处就会容易一些。

　　美国哲学家爱默生曾感概说："人们之所以寂寞，是因为他们不去修桥，反而筑墙把自己围起来。"

　　我们看事情往往只从自己的角度出发，这使我们心中筑起了高墙。我们都从一个观点来看事情，因此心胸无法宽大，因为一个角度最多只能看到一面，而世界是多面的，你必须更柔软、更富有弹性、更能包容和谅解，才会有广度。

　　是的，重要的不是你的角度，而是你思想的广度，就像要想保持空气流通，一条细缝是不够的，你一定要打开门窗。

　　管理大师彼得·杜拉克告诫人们，处理人事纷争，第一步要先问："什么是对的？"确认真相再进入第二步："谁是对的？"

　　但人们的情况却正好相反，没有人在乎"什么是对的"，人们讨论、辩论和争斗，都是为了证明"自己是对的"。

　　你可曾想过，那些你所争论的东西真的比彼此的情谊和快乐更重要吗？

　　记住，要去做对的事，而不要争着当对的人。

11 / 不管你抱怨谁，骂的都是自己

有位女孩觉得自己被朋友背叛，因为她信任这位朋友而把秘密告诉她，而秘密却被泄漏给别人。经过仔细检视，她了解到她也用很多方式背叛了自己，像这秘密也是她自己先泄露出去的。

有位先生常抱怨太太、小孩乱花钱，经过检视后，他发现其实自己也常冲动购物，事后又后悔。

有位员工常埋怨同事，做事不负责任，后来他进一步检讨自己，才发觉，原来自己也不想担负责任。

不管你抱怨谁，你骂的都是自己；这是很少人会发现的，因为我们都习惯指责别人，却忘了反过来检讨自己。

你讨厌的别人是你不喜欢的自己

一位学生最近常深锁眉头，当我问起缘由时，他一脸沮丧地说：

"我不晓得我哪里做错了，为什么办公室的同事老要欺负我，再不然就是要占我便宜？"

"他们是怎么欺负你、占你便宜呢？"我问他。

"他们老是使唤我去做这做那，我又不是工友，我也有自己的工作啊！"他愤愤不平。

"那你都怎么应付他们的要求呢？"

"还有什么办法？我当然只有答应啊！这也是我最不满意自己的地方，我很讨厌自己这么懦弱。"

这就对了，为什么你会受伤？因为你的内心预留了一个空间给人伤害；为什么让人踩在头上？那是因为你自己趴在地上。

人我之间的互动，都是自己造成的。当你懂得尊重自己，重视你的感觉、时间、想法，别人也会如此。反之，当你处处迎合奉承，任人予取予求，别人也不会尊重你。

对方老是这样？是你老是那样

所以，不要问别人为什么不尊重你，你应该反问自己："我有尊重自己吗？"

不要说别人为什么看不起你，你应该反问自己："我有看重自己吗？"

　　不要抱怨别人伤害你，不要说别人惹你生气，你应该反过来检视自己，看看自己哪里有问题。

　　早在公元前三百多年孟子就告诫我们："行有不得，反求诸己。"即在提醒大家，当事情不顺心时，不是去要求别人，而是要"向内求"。换言之，你必须看自己在做什么，而不是看人家对你做了什么。

　　诊断出别人有病，并不能改善你的病，说别人讨厌，也不能让你讨人喜欢，因为一开始方向就错了。

　　一个有反省能力的人，才有改变的可能。

当你骂别人说："他怎么可以告诉别人！"也许你自己也告诉了别人。

当你怪别人说："你为什么不替我想想？"也许你也没替对方想想。

当你气愤地说："你怎么不去照照镜子？"也许你也应该去照照镜子。

就像心理学家荣格说的："由对他人的不快中，可以得到自我省察的机会。"你所有的人际关系都是一面镜子，透过他们，你才能认识真正的自己。

12 你的情感账户存了多少

我们与认识的每个人之间都有一个户头，这些人包括家人、朋友、同学、事业伙伴，甚至是大楼管理员、隔壁的邻居等等。在这个账户里，通常都是你欠我、我欠你的，如果一方欠得多，关系就会有危机。反之，里面的存款越多，关系就越稳固，即使偶尔发生状况而支领，也不至于因此透支。

这户头就是"情感账户"。如同银行户头一样，它可以存款与提款；每次我们与人互动，若不是在储蓄，就是在提领。

提领之前，别忘了先储蓄

那要怎么储蓄呢？非常简单，小到对人亲切的问候，或是一个善意的微笑，就能为你存款。当你倾听朋友、父母或兄弟姐妹的话，或是对人说出赞美、支持的话，例如"你今天的发型很美"、"你做事真有效率"，就又存进一笔。

还有就是当你帮了别人的忙，或原谅某人的错，也等于储蓄一笔定存。如果你不张扬、不求回报，就会生出可观的利息。就像法国哲学家巴斯格尔说的："你希望别人认为你好吗？那你就不要把自己的好处对人说。"也许有一天当你犯错或需要别人帮忙时，你的账户便会有许多余额可用。

那我们又是怎么用掉存款的呢？最常见的就是批评抱怨。三不五时说教，听久了就变成啰里啰唆，很容易消耗掉情感账户，连亲友都可能会疏离，甚至反目。

再就是不守信用。你有没有碰过总是食言的朋友？他们说要打电话给你，却没有打；他们答应要帮忙，却忘得一干二净。累积几次之后，你便不再相信他们了。

你对别人的承诺也一样。假设你说"我十点以前一定会回到家"或"我一回家就会把功课写好"，却没有做到，食言几次之后，别人也不再相信你了。

别等到用完最后一滴油才赶着去加油

其他消耗存款的事项，还包括那些自私自利的行为。当我们只想着自己要什么，而忘了替别人着想，就必然会消耗情感资本。

再如，某人挺身而出为你做了件好事，但你却认为理所当然，没有表达感谢；或更糟的是，你将别人给你的方便当随便，得寸进尺，这样存款很快就会用光。

如果你深入去看感情问题，其实多半都是账户过度提领造成的。感情一旦陷入负债状态，而我们还不断透支，就会被推入破产边缘，最后众叛亲离也就不足为奇。

所以我们平时就要多存款。如果账户没什么钱，也不要气馁。从今天开始，对人谦恭有礼，多关心身旁的人，得饶人处且饶人。更别忘了，要信守你的承诺，回馈对你好的人。

提领之前先储蓄，别等到用完最后一滴油才赶着去加油。

我们应该用"总账"的概念来看待人际关系。比方说，你朋友可能有迟到、做事粗心等缺点，可是他帮过你，平常跟他相处也很愉快，便不要让一件事影响整体的看法。

你的父母、男女朋友可能说话不算话，或做了某些事伤了你的心，可是他一直很关心你、照顾你，也原谅过你犯的错，那你就应该学习宽恕和包容。

我们对每个人都要用总账的概念来看待，只要对方存款比提款多，就该给人提领的机会，甚至额外多给点利息，这样你的情感账户才会财源滚滚。

你每天都会跟别人谈话，但是，受影响最深的却是自己。因为你说话的对象当中，只有一个人能够听到你所说的一切，那就是你自己！

当你把一件事反复说很多次时，要不了多久，你的潜意识就会开始照着你说的去做；你用来形容自己遭遇的字眼，最终将变成你的真实人生。

Part 3

你说的每句话

13 / 你说别人的话，其实是在说自己

人对人的想法，基本上都来自对自己的想法。

一个母亲从很冷的地方回到家，常不由自主给孩子添加衣物，一个父亲刚运动完满头大汗，就会急着给孩子脱衣服；肚子饿时会劝孩子多吃一点，吃太饱难受就痛斥孩子别太贪吃；觉得自己太内向，就担心孩子不够活泼；遗憾自己没多读书，就特别重视孩子的课业。

我们会把自己的感觉投射到别人身上。有人很难信赖别人，其实是把自己"不值得信赖"投射到别人身上；一个经常信口开河的人，就会怀疑别人说的话；常在背后说人闲话的人，也会怀疑别人在背后说他坏话；常心怀不轨的人，对别人也会疑神疑鬼。

说人是非者，就是是非人

有几个小偷一起去偷东西，当他们把偷来的东西全都交出来、准备分赃时，却发现少了几样，于是他们环顾彼此，其中一个忍不住说："难道我们里面有小偷？"

小偷总会认为别人是小偷，因为他只了解自己，这是他唯一了解别人的方式。

当你看到某人脸色不好，你认为那个人是"不高兴"或"故意摆脸色"，但若换从别的方面体贴设想，他可能是心情不好或生病了。为什么你不选择后者，而选前者呢？是不是因为当你不高兴时，也会摆脸色给人看？

你约某人见面，他说刚好有事，你会怎么想？你可能会认为那人"说谎，那只是推托之词"，因为当你不想跟人见面时，也是这么说的，对吗？

对自己不满的人，很难对别人满意

我发现有些人很敏感，特别是加入优于自己的团体时，总是处处留意旁人的观感，只要有人三五成群窃窃私语，就会神经质地认为他们是在谈论自己。若是对方偶尔发出笑声，甚至会误以为他们在嘲笑自己。

想想，如果不是自己自卑，别人的嬉笑怒骂，怎么会这么轻易就刺痛你？如果不是自己早有猜疑之心，对他人的窃窃私语又怎会听出"弦外之音"？

曾有位疑心病很重的女孩问我："有时我明知道男友没做对不起我的事，但我还是会怀疑他，为什么？"

在你心里一定有些你真正怀疑的事。比方说，你自己也有过非分之想，或是你怀疑自己没有魅力，不值得爱？

我告诉她：除非你信任自己，对自己有信心，否则你将不断投射你的猜忌到你周围的人身上。

　　你对别人的想法，都来自对自己的想法，那就是为什么当你烦心的时候，看谁都不顺眼。

　　下回，当你提到别人、审判别人或怀疑别人时，了解"你说别人的话，其实是在说自己"，你的观点就会截然不同。

　　当你意识到那是自己的投射，你就会看到背后的原因是什么，也许是恐惧，也许是自卑，也许是嫉妒，也许是想得到爱。那么，你就能反转过来看到自己，进而改变自己。

口是门，应该把它关好

跟人闲话家常是人之常情，但说人闲话却最伤感情。因为世界上没有一种闲话是不伤人的。

当你听到甲在说乙的坏话时，就算再怎么不相信，你与乙的关系仍会发生转变。换句话说，不论你听到什么，你都会不自觉地受到影响。更糟的是，如果你又把这事告诉了丙，那就没完没了。在东家长西家短、人云亦云、以讹传讹、加油添醋之后，很可能一口小池，最后变成一个大湖。

传话的人添油加醋

话说在一座小村庄的学校里，本来只有一个老师。

某天村里搬来一位陌生男子，村民发现他不但饱读诗书，而且为人正直，便邀请他到学校教书，男子也答应了。果然，新老师大受家长、学生欢迎。

原本的老师心里很不是滋味，用不屑的语气跟妻子说："那新老师根本来路不明。"

妻子将这番话转述给邻居听，自己再加上一句："听说那新老师根本来路不明，以前不知道做过什么坏事。"

邻居跟亲戚说的时候，又多了一句："听说那新老师根本来路不明，以前不知道做过什么坏事，说不定曾经作奸犯科！"

亲戚跑去跟朋友说时，也没忘添油加醋："听说那新老师根本来路不明，以前不知道做过什么坏事，说不定曾经作奸犯科，搞不好还是个通缉犯！"

流言雪球般越滚越大，新老师不得已，只得黯然离开学校，甚至搬家。

谣言的始作俑者——原本的那位老师听说了，觉得良心不安，决定去道歉。

只见新老师拔起地上一把蒲公英，用力一吹，成千上万的种子顿时飘散开来，接着他说："如果你能把这些种子都找回来，我就原谅你。"

"这怎么可能……这么多种子，不可能全找回来！"

新老师严肃地说："你制造的流言就好像这些种子，不但收不回来，还会重新发芽成长，再散播更多种子。这样就算我原谅你，也没有任何意义！"

从此新老师再也没有回到这座村庄，只留给男子深深的悔恨。

被议论的人刻骨铭心

对事不了解而妄加论断，是不客观的；对人不了解而妄加论断，则不但不客观，更不道德。口是门，应该把它关好。

试想，如果有人说了一些关于你的不实传言，你的反应会是什么？感觉受伤，还是生气？你会不会愤愤不平地问："到底是谁说的？为什么这样讲我？"你会不会在心里反复咀嚼那些中伤你的话，以及无法消弭的愤怒？

如果你也害怕别人这样对你，就不该去做这样的事。古代贤哲说过，在准备开口说话前，要先通过三道门。

第一道门，先问自己："这些话是真的吗？"如果是，才能前往第二道门。第二道门，贤哲会问："这些话是必要的吗？"如果是，再前往第三道门。到了这里，他们会问："这些话是善意的吗？"如果是，话才能脱口而出。

因此，没通过三道门之前，请闭上尊口！

　　你每天都会跟别人谈话，但是，受影响最深的却是自己。因为你说话的对象当中，只有一个人能够听到你所说的一切，那就是你自己！其他人都只听到你所说的一部分。

　　有的人喜欢在背后骂人或说人家闲话，他没想到听见的全是自己。语言是一种力量很强的思想波，就像回力棒一样，抛向空中，绕了一圈，最后还是回到你身上。所以要多说好话，多祝福人，利人利己。同样的道理，咒骂别人等于是在骂自己，因为声音发自哪里？是谁一直在听？是你，对吗？

15 / **你也是催眠师**

一位化学老师在一次课堂实验中声称，他要测验臭气传播的速度。在他打开瓶盖十五秒之后，前排学生开始举手，称自己闻到臭气，后排的人也陆续举手，纷纷说自己闻到臭味了。

但其实，实验瓶中什么也没有，这些学生纷纷举手很显然是受到暗示的影响。心理暗示是人们日常生活中最常见的一个心理现象，催眠就是个好证明。一个受到催眠的人，能毫无疑问地相信，自己的手臂重得举不起来。一旦他完全相信，他就真的无法举起手臂。我想许多人都看过催眠师做类似的表演，也知道那都是暗示的作用。

我们也经常受到自己或别人的暗示影响。比方说，当你看到别人打哈欠，你也想打；当你看到别人眼里含着泪水，也会开始想掉眼泪；如果有人形容青梅子咬下去酸溜溜的滋味，你就会开始流口水。

一件事反复说得够多，就会变成真的

有些人找人算命，日后这些事一一应验，便以为算命神准。他不知道真正的原因是，他相信算命的"暗示"，所以不自觉地朝着算命人指示的路去走，当然预测就成真了。

一对相爱的男女，在婚前去找算命师合婚，结果"八字不合"，虽然两人最后还是携手走向红毯，但由于他们将这负面信息带进了潜意识里，只要稍有争吵就将原因归咎于"八字不合"，最后两人果然不合，以离婚收场。

你对自己说的话，有非常巨大的力量。科学研究已证实，自我言语与你外在的表现有直接关系。当你把一件事反复说得够多时，要不了多久，你的潜意识就会开始照着你说的去做，让那些你想的和说过的话成真。可惜的是，大部分人一生反复说的大多是负面的话语，他们不明白自己是在不断自我暗示。

说一些失败的话语，就是在为自己"下咒语"

就像被催眠一样，我们内在无法分辨何者为真实、何者是想象。当潜意识收到指令，就会连接身体、情感和思维，来执行指示。比方说，当潜意识听到："我是软弱又无能的人。"

就会连接到身体，让你变得软弱，又连结到你的情感，让你感到沮丧无助，又会连接到你的思维，让你的思考能力变迟钝。

所以，如果你习惯说一些失败的话语，你就是在为自己"下咒语"。如果你的对话中常常有类似我不行、我没办法、我笨手笨脚、我一事无成，或是其他对自己负面的评价，你就是在诅咒你的未来。

我听说有个人为了让自己的运气好转，特地把刚养的一只狗取名为"好运Lucky"，哪晓得情况非但没有改善，反而每况愈下。他百思不解。

有一天出门时，他才恍然大悟，原来他每天出门前，都对狗狗说："好运，再见！"

我们用来形容自己遭遇的字眼，最终将会变成我们真实的人生。

你的各种看法之中，最重要的一项是你对自己的看法；你整天所谈的事中，最重要的就是你对自己所说的话。

学习以正面肯定的言辞来思考和说话。对自己说："我充满自信"、"我有能力完成这件事"、"我是坚强又有魄力的人"、"我会越来越顺"。当你一再对自己说（大声喊也行）正面肯定的话，你的潜意识就会"同步"执行。

但要注意的是，说话时要用现在式，而不要说："但愿我能……"或"我希望成为……"。只要告诉你自己，你"已经"具有能力，让你的身体、情感和思维都充满正面能量，你也能成为催眠师。

16 / 你说的，就是你所求的

听几个三姑六婆聚在一起聊天，你会听到什么？

说长道短、担心烦恼、怨天尤人、叫苦连天、心灰意冷。

到某个高中教室、大公司的员工餐厅或路边摊偷听，你又会听到什么？

说长道短、担心烦恼、怨天尤人、叫苦连天、心灰意冷。

我还可以继续列举。我要说的是，大多数人都习惯抱怨。随着我对人们的了解越深、越留意他们口中说出的话，我就越了解他们目前的状况。通常我只要与他谈论半小时，便能确切地指出他们会遇到哪些问题；从他们言谈中的内容，我就知道他们的问题是怎么被自己求来的。

小心你所祈求的东西，你可能会得到它

"被自己求来的？"当我这么说，也许你会想：谁会笨到陷害自己？但你应该听过或曾说过："公司不知道会不会倒，到时候我就会失业……"、"他只是想利用我，到最后说不定还扯我后腿……"、"我收入那么少，永远也买不起大房子……"、"我不懂理财，如果买股票一定会被套牢……"

或者是："我看，一点希望都没有了！"、"反正最后他都不会满意，何必那么努力！"、"如果念到一半，又毕不了业，岂不是很丢脸？"、"万一出了什么意外，该怎么办？"……

你可能不知道，把这类话语一再挂在嘴边，事实上你已经是在"许愿"了。

前阵子我父亲踝关节严重扭伤，起因于他在自家侧院种了许多菜，为了让瓜类能攀藤，原本想找些竹子搭棚架，但又想到隔些日子有个重要的活动要参加，他担心："上山万一跌倒或扭伤了脚，该怎么办？"于是决定等活动结束后再去，没想到在山上真的跌倒，还扭伤了脚。

如果你没什么好话，就不要说话

这样的例子不胜枚举：

一位脊椎严重受伤的朋友，他是个运动员，在他发生意外后，我去探望他。他说以前便一直害怕会因意外而四肢瘫痪，他说："我经常害怕自己瘫痪不能走路，结果它终究还是发生了。"

有位太太，她的先生每天都是很晚回家，而她带着两个孩子，每天想的是：希望老公在家。

由于见人就抱怨，使负面的事情不断发生在她身上，不是小孩生病，就是车子被刮到，每每都是老公赶回来解决。最近她老公脚骨折了，无法工作，所以每天都在家……这不是自己"求来的"吗？

我还认识一位病人，她经常抱怨自己多年未出过事，白缴了多年的汽车保费。结果最近，她获得了理赔，人甚至还躺在医院。了解了其中的缘由，大家想必已经清楚"祸从口出"的道理。

俗话说："乌鸦嘴特别灵。"因为语言是一种很强的思想波，"负能量"的语言一出，你已经在创造那种实相。

我们经常听到有人抱怨自己厄运连连、祸不单行，现在也该警惕，原因就是自己不停抱怨。人越埋怨，就越被埋在里面。

如果你总是在谈论倒霉的事，那么就别惊讶你为什么老遇到倒霉的事。

圣经说："你所说的、心里所相信的，都会成真。"

上帝就像一台影印机，他会复制你的想法，并使它成为即将发生在你身上的事。从你嘴里说出的每一句话，都决定了你自己的命运。

美国大哲爱默生也提出警告："文字是活的。不断予以使用，它不是会建设，便是会破坏。"

所以啊，如果你没什么好话，就不要说话。千万不要大嘴巴！

17 我在你面前很想当一个淑女

怎样才能让一个人变成很棒的人？

方法有二：

一、让他觉得自己很棒。

二、让他真的变成这样的人。

没错，你能借由形容他们的样子来形成他们的样子，也能借由对待他们的态度来形成他们对你的态度。

比方说，你的朋友认为你很乐观，那么在他们面前，你就会表现得乐观开朗；如果你认为某人很淑女，那么在你面前，她就会像淑女一样。人会不断验证别人给他的"期待"，如果你常说孩子很贴心、懂事，他就会一直那样；如果你对男友或女友的评语是，体贴、有责任感，或粗心、不会替人着想……他们就会变成像你说的那样。

首先，让他觉得自己很棒

激励大师金克拉可以说是将人原本就具有的成功特质发挥得最淋漓尽致的代表人物之一，他认为："我们看待人的角度，决定我们待人的方式，我们待人的方式，经常决定了对方的表现。"

你可能看过有些人，在家人面前常乱发脾气且不负责任，却对某些人相当客气且尽责，那是因为他们在那些人面前有不同的形象。

有人和某人起争执，吵得面红耳赤，后来电话响起，一接起来，就突然变得轻声细语，甚至谈笑风生。这是怎么回事？没错，因为形象不同，所以表现就不同。

《窈窕淑女》这部电影中，两位老教授找来粗俗的卖花女做实验，打算把她训练成一位高雅的淑女。其中有一段对话，可以说明期待所产生的影响力。

女主角对皮克林教授说："我在希金斯教授面前很想讲脏话、动作粗鲁，因为他认为我还是菜市场的卖花女，所以我就不想表现得像个淑女。但你不一样，"她说，"我在你面前很想当一个淑女，讲话举止很得体，因为我知道，在你心目中，我是一位高雅的淑女。"

最后，让他真的变成这样的人

这也印证了教育学上一个著名的理论，即"比马龙定律"：你用什么样的眼光看待孩子，孩子便会成为什么样的人。

弗洛伊德在他的著作《梦的解析》中曾提到，他之所以努力成为一个伟大的人，是因为母亲相信他，总是对他说："你将来一定会成为伟大的人物。"同样，如果你不断对小孩说他是愚蠢的，那他也会变得愚蠢；不只如此，他还会开始做愚蠢的事。

我们对他人的观感，决定了他们在我们面前会呈现出什么样貌，以及我们与他们之间的关系。你没发现吗？当有人称赞你的时候，你会表现得特别好，为什么？因为那人觉得你很好，而你不想让他们失望；当你赞美别人时也一样。如果你不断对一个人说些什么，他就会表现得"像你说的那样"。

在音乐剧《梦境骑士》中，唐吉诃德不断地、没有条件地肯定那位风尘女郎，也就慢慢改变了她的自我形象。当她以不同的观点来看待自己时，表现也跟着不一样。

所以，如果你发现周遭的人变得越来越糟，你必须先反省自己，是不是你对他们的态度也越来越差？

试想，如果你把某人说得很糟，却又希望他变得很棒，这有可能吗？你不可能让某人觉得抬不起头，同时又期待他抬头挺胸。

德国诗人歌德说过："如果你以一个人的现状来看待他，他就会维持现状；如果以一个人的能力和应有的成就来看待他，他就会朝这个目标发展。"

我们的言语会让对方知道，我们对他有什么期待。如果言语中带有批评，他的行为就会如实地反映我们所批判的内容。赞赏能激励人们表现优越，批评则会让他们向下修正，以达成批评者的负面期望。

18

多洒香水，少泼冷水

懂得人性心理的人都知道：人喜欢听好话。

一个老板如果不停责骂员工："你怎么这么没效率？都多少天了还没完成，成本也不会控制！你再不把皮绷紧一点，就没前途了。"

女友如果老是唠叨懒散的男友："你要我讲几千次？每次东西拿到哪就丢到哪，到处乱七八糟，也不会整理一下，整天只会看电视。"

结果会如何？他们还是老样子，对吗？

在心理学的实验里，老鼠由惩罚和奖赏所控制，给它们奖赏，它们就开始学习受到奖赏的事情；惩罚它们，它们也开始不学习受到惩罚的事物。那就是为什么经常批评责骂朋友、家人不但没用，甚至还会每况愈下。

人都是听自己感兴趣的声音

说一则故事：

有一个动物学家与一位朋友走在一条热闹的街上，经过一个建筑工地时，在一片震耳的电钻声中，她要她朋友停下脚步，并说："你听，有只蟋蟀躲在这些板子后面。"

她朋友惊讶地问："我们周围有这么多车子和机器在吵，你怎么可能听得到一只小虫子在叫？"

她回答："这很简单，我不喜欢喇叭声和电钻声，但蟋蟀的叫声对我来说就好像音乐。"然后她丢了一枚硬币在人行道上，当硬币在人行道上翻滚时，有十几个人都回过头来听那声音。

动物学家说："你看吧，人都是听自己感兴趣的声音。"

所以，不要老说些不中听的话，不要对人的错误老调重弹。你不能一边对某人说消极的话，回过头来又希望他变积极。

多数人都希望朋友、同事或是家人好，也都希望他们表现良好的行为，但效果却常不如预期，这中间的问题，有很大部分是出在"说话"上。当你尝试改变某人，或想改善关系时，如果你的言词用语让人升起防卫心，那就很难了，他们不会接受你说的话。

用红萝卜胜过用棍子

那该怎么做?

只要多说些赞美的话:"这样很好!"、"你做得很棒!"找找看对方做了哪些值得肯定的事,告诉他们你的感受:"谢谢你在我迟到的时候,那么有耐心地等我"、"昨天我情绪有点失控,还好你那么有气度"、"你能有这种表现,很不简单,我以你为荣"。你只要去赞美,那个行为就会继续出现。

这个方法可用于学校、办公室、工厂中、家里;对朋友有效,对家人、情人和世界上几乎所有人都有效。

要多洒香水,少泼冷水。告诉别人你喜欢、仰慕或欣赏他们,不必花什么力气(至少比生气骂人轻松),收获却难以估计。一句话有时会影响人一辈子,或许,你明天就把今天说的话给忘了,但听到的人却永远牢记在心。

记住,每个人的生命都有高潮,大部分是经由别人鼓励而成的。

哈佛著名的心理学家威廉·詹姆斯说："人性中最深的本质就是渴望受到激赏。"

基本上，每个人听到赞美，都会有所表现。你只要去赞美，那个行为就会继续出现。由于赞美是具有创造性的，所以不必担心过度赞美。

相反的，如果你观念错误，以为太多赞美会造成自满，那你就会越来越少看到好的行为。由于好的行为你没有反应，很可能就会出现不好的行为，因为没有人希望自己被漠视或否定。

当你问某人："你好吗？"

如果他有气无力地回答："很好。"

你会认为他"真的很好"吗？

不会，因为"你的感觉"并不是这样，对吗？

想想你认得的最友善的人，回想你第一次见面时，你多快看出这个人友善？是不是一下就感觉到了？现在再仔细想想哪个人最不友善？是不是也一目了然？

人们可能会忘记你做的事，但不会忘记你给他们的感觉。

Part 4

你给人的感觉

19

你的表情和语调

你曾录下自己的声音来听吗？当你第一次听到，你是什么感觉？我想很多人都会惊讶："这是我的声音吗？"

其实何止是声音，我们对自己说话时的表情也不清楚。你曾看过自己生气时，脸上的表情吗？你知道你说话的口气，让人听起来的感觉吗？

从别人的角度而看，我们的每一个眼神、表情、说话的声调，都是传达话语的一部分。皱起眉头、紧绷着脸，会让人觉得不友善，或许你根本"没那个意思"，但对方还是会感到不舒服。而当你说话抬高声调时，很容易激起对方的敌意，最后演变成一场争吵。

表情有时比说话的内容更重要

人很重视感觉，所以我们常听到有人说："我不想答应他，因为我不喜欢他说话的口气"、"你说得固然有理，可我就是讨厌你那副盛气凌人的样子"……可见，表情有时比说话的内容更重要；"你怎么说"要比"你说什么"还影响别人的观感。

柏克莱大学心理学教授亚伯特·马伯兰比（Albert Mebrabian）研究出"73855"定律，他指出旁人对你的观感，只有7%取决于说话的内容，38%在于说话时的口气、手势等肢体语言，却有55%来自你外表给人的感受。

你可以试试看，当你问某人："你好吗？"如果他有气无力地回答："很好。"你会认为他"真的很好"吗？

你向某人道歉，如果他绷着一张脸说："没关系。"你会相信他说的话吗？

不会，因为"你感觉到的"并不是这样，对吗？你不会凭他的话来判断他的感受，而是根据他的语调和表情来判断。

字眼有如情绪的扳机

想要有所改善，首先要改变我们的措词。

比方说，有人触怒了你，你可以用"困扰"或"遗憾"这个字眼，而不使用"气愤"或"愤怒"。

当你不高兴时，你可以用"我不喜欢"来取代"我讨厌"或"我痛恨"。想想看，当你改用不同字眼来叙述，你还会火冒三丈吗？

我们从小学习文字和文法，但学校却没有教导，我们所选择的用字会与我们生命中的经验有关。

我们说话所用的字眼，会直接影响我们的思想和情绪，一般人处理情绪的中心是右脑，语言中心在左脑。当右脑认知到一个负面的情绪时，会越过并底体传递到语言中心，说出相应的字。同样，当我们左脑接收到负面的字眼时，也会传到右脑，反应相应的情绪。

字眼有如情绪的扳机，当我们听到刺眼的字时，常会想起些过去的情境，而这些很可能都带着痛苦、侮辱和愤恨的情绪，那就是为什么会连带影响我们说话的声调和表情。

如果你开始注意自己的措词，你将会立即看到极大的改变。当我们不用涉及人身攻击、辱骂或情绪性的字眼，很多冲突、争吵和灾难就可以避免；当我们用幽默的字眼，生活就充满欢乐；当我们用乐观的字眼来描述世界，我们就变成了乐观的人。

　　"转换措词"不仅能安抚情绪、帮助人际和谐，同时还能带来快乐。

　　例如，每当你想说"你应该"时，就以"或许你可以"替代，让他人有选择权，关系才不会紧绷。

　　不要说："我无法忍受你这么做。"改为："如果你这么做我会比较高兴。"

　　不要说："你'总是'令我生气。"改为："你'这样做'让我生气。"否则你八成会把自己气得脸红脖子粗。

　　现在请拿出笔来，做下面这个练习：

　　一、写下三个你常用的情绪性字眼或口头禅。

　　二、用三个让人听起来舒服愉快的字眼或句子取代。

　　三、找三位好友，时时提醒你要使用那三个新的字眼。如果你在接下来的三周里能频繁使用，就会成为习惯，你的生活必定有很大的改观。

20/ 只有够强的人才能弱

　　一般人常认为强与弱是相对的——柔软是懦弱，强硬是坚强。这是一直以来人们的误解，所以当人怕被看成弱者，就会变得强硬。

　　你是否观察过，所有柔软的生物都被某种坚硬的东西所覆盖，举凡蜗牛、贝壳、蚵蜆、虾蟹……内在柔软的东西都有坚硬的外壳。人也一样，内心脆弱的人常会故作坚强；自卑的人反而显得自负。

　　不同的是，生物的"硬壳"是为了保护"里子"，人却是为了顾全"面子"。

自尊是面子，自信是里子

　　人很怕被别人看扁，因此只要觉得自己比较卑微的时候，就会去贬低别人。那是一种补偿心理，让自己凌驾他人之上，可以感觉比人优越，然而为什么要感觉优越？是自卑。就像购买名牌是优越感，但优越感是来自自卑感。

人为什么喜欢说别人坏话？每当我们批评某人，会让自己觉得高人一等。这很像想给破轮胎打足气——当我们指出别人的缺失、错误或罪恶时，就是在为自己打气，抬高自己，但过不久轮胎就会再次瘪下去。因为我们内心有个破洞，而为了再次膨胀起来，又再次中伤别人。

人为什么爱发脾气？也是自卑。生气可以掩饰无能，只要发火，谁敢惹你？只要用力拍桌子，谁敢怀疑你的"能力"？那就是为什么许多人宁可生气也不愿认错。因为认错需要勇气，必须有自信的人才可能拉下脸。

自尊是面子，自信是里子。低自尊的人看似高傲自大，其实里子空虚、非常脆弱，自负的表现只是掩饰自卑。越自卑的人越爱面子，也越会虚张声势。

人最在意的地方，往往是最自卑的地方

说一则故事：

狐狸和猴子好几天没吃东西了，在路上它们发现一个洞穴，里面有个神像和两个瓶子。

狐狸祈求神像："我们已经好几天没吃东西了，再这样下去会饿死的……"

神像说："这里有两个瓶子，一个装满食物，一个是空的，你只能用观察来选择其中一个。"

狐狸说："两个瓶子中有一个装满食物，另一个是空的，我看这两个瓶子肯定都是空的。"

听了这话，一个瓶子开口了："我才不是空的！"

狐狸一听，伸手抱走另一个瓶子。打开瓶口，果然里面都是食物。

猴子大惑不解地问："你怎么知道这个瓶子里有食物？"

狐狸笑着说："肚子空空的人，最怕人家说他空瓶子；肚子有货的人，你说什么他都不在乎。"

人最在意、最紧张的地方，往往就是最令他自卑的地方。

想想看，一个有自信的人，需要向别人证明什么吗？不，如果你是太阳，你根本不需要再多点蜡烛来增加光亮。

一个真正有力量的人，需要表现强硬吗？当然不用。你虽看不见风，然而风却可以吹倒大树；水看似柔弱，却可以穿透坚硬的石头。事实上，世界上最温柔的人也就是最强的，如耶稣、佛陀、甘地、林肯……是的，只有够强的人才能弱。

两人在争吵，其中一方先退让，是谁有风度？

两人有心结，其中一个先道歉，是谁有气度？

有里子的人才能放下面子，有自信的人才能弯得下腰，有自尊的人才能退让。

老子说："以其不争，故天下莫能与之争。"江海不择细流才能成其大，高山不辞土壤才能成其高，宇宙不占空间才能成其永恒。

所以，退其实是进，因为你永远无法打败一个不想赢的人。

行得直，坐得正

　　"抬头挺胸"、"走路不要缩着肩膀"、"不要弯腰驼背"，在我们的成长过程中，或多或少都因这些事被爸妈唠叨过。我们常会嫌他们啰唆，何必拿站姿、坐姿这种芝麻小事来挑毛病，但其实他们是用心良苦，因为姿势一旦定型就很难改。

　　曾有个实验，拿一百张姿势不佳（垂头、缩肩、腹部凸出等）和姿势优美者（抬头、平肩）的照片给一群人做判断时，大家公认那些姿势不佳者比姿势优美者看起来较不受欢迎、不友善、缺乏活力且没自信。

　　想想你认识的最有自信的人，回想你们第一次见面时，你多快看出这个人有自信？是不是一眼就看出来了？现在再仔细想想哪个人最没自信？是不是也一目了然？

　　你是怎么判断的？是从他们外表给你的感觉，对吗？你不妨去观察看看，当人沮丧时，头会朝哪里摆？会往下，对吗？当人失意时，肩膀会下垂；当人没有斗志时，就会拖着脚步……没错，别人也是从你的姿势打量你。

体态决定心态

心与身是一体的。每当你的心情改变，身体就会随着改变。当你在生气的时候，你曾经观察过吗？你的身体会呈现出某种姿势。在愤怒当中，你会自动握紧拳头，你的下颚会变得紧绷。如果你试着放松你的手和牙齿，你就不会生气。身体的每个动作都跟情绪有关，所以它们才被称为emotions（情绪），因为它们跟身体的motions（动作）有关系。

同样，随着身体的改变，心情也会改变。如果我们经常弯腰驼背，就容易沮丧，相反，如果我们打起精神抬头挺胸，马上会觉得好很多。

有研究学者曾经找来一些忧郁症患者，有些患者甚至服药超过二十年，然后用摄影机记录他们对不同姿势的感觉。科学家很惊讶地发现，当他们姿势良好地站立时，几乎没有人会感觉忧郁，也不需要再服药。

很多人都说："身体是看得见的灵魂，灵魂是看不见的身体。"所以当我们越是感到身体沉重、无精打采、提不起劲，就越该挺起胸膛来。

你不抬头，又怎么看得到星星

我听说有个人和登山队员一起爬山，那个人沿途不断哀伤叹息，一会儿埋怨日子难过，一会儿抱怨路程遥远。

登山队员告诉他："你这么悲观，是因为你一直在低头走路！"

"抬头走路就不绝望吗？"他抬头仰视天空问。

"你抬头看到了什么？"

"除了高山还是高山。"

登山队员说："是呀，我每次遇险或遭受挫折，我都是这样抬头走向成功。"

他说得对，当你低头，除了山谷还是山谷。你不抬头，又怎么看得到星星？

有一个故事：狮子是万兽之王，每次走路时都昂首阔步、尾巴高翘着，非常威风。有只小狮子在旁边看到极为羡慕，便问："我要怎么做才能跟你一样威风、有自信？"狮子说："自信藏在你的尾巴里。"

小狮子于是花了一个下午在花园里追逐自己的尾巴，到了黄昏，它失望地告诉狮王："我无论如何努力，永远都追不到我的自信。"

狮王微笑着告诉小狮子："自信不是这样追的。只要你抬头挺胸，勇敢地一步步向前走，自信自然会跟在你身后。"小狮子听了狮王的话后，抬头挺胸一步步勇敢向前走，果然从眼角余光中，发现自己扬起了前所未有的自信。

找出一个有自信的榜样，这个人可以是你认识的，或在电视、电影中看到的人，并专注观察下列事项：

一、这个人走路的样子。

二、他站立的姿态。

三、他坐的姿势。

现在就开始练习，短暂的辛苦可以带来一辈子的好处。不要抱怨腰酸背痛，如果你想"行得直、坐得正"，或想成为美女帅哥的话，就一定要养成习惯，摆出正确的姿势。

22／会说话的人，必然是听话高手

你有没有碰过话才说出口，就立刻在下一分钟后悔？或是在长谈中神游象外？我就有这样的经验，有时话很多却听很少，也曾因话说太快得罪了人。有一回，我因喉咙发炎无法畅所欲言，朋友告诉我说："嘿，你变了！你现在会'听'别人说话了。"喔，这才让我惊觉以前我有多"大嘴巴"。

两千年前，希腊哲人戴奥真尼斯基说："上天给我们两个耳朵、一个嘴巴，是要我们多听少说。"不过，对大部分的人来说，"听"似乎比"说"更难学会。我也是在开始学习"听"之后，才慢慢懂得"说话之道"的。

说个不停会让人觉得索然无味

人都好为人师，喜欢教导别人，然而当我们开口时，说的是自己已经知道的事，我们不可能从自己讲的话中学到什么。

而说话越多的人，弱点也越明显。你越是急切地想发言，越可能说些蠢话。如果你一直说个不停，就会让人觉得索然无味。

有位太太在客人走后，向先生抱怨："李太太真没礼貌！我讲话时，她至少打了三十个哈欠。"

先生说："她不是没礼貌，恐怕是想讲话却插不上嘴。"

你也是这样吗？总爱谈论自己，只想到自己的需求和想说的话？那别人怎么办？要是别人也跟你一样，要如何"交谈"？

我们都知道没有被听见是多么令人沮丧的事，但我们又有多少次曾专注聆听。想想那些你需要他们专注却没有专注待你的人：父母、男女朋友、同学、同事、上司、老师。想想看，你在跟某个人说话，那人眼睛却瞄向他处，嘴里说着风马牛不相及的事，或是自顾自地发表高论，你又作何感想？

不谈论知道的，才能学到不知道的

每个人最关心的都是自己，当你用心听别人说话时，你等于是真诚地关心他们。你是在表示，你认为他们以及他们说的话都很重要，值得你用心聆听及思考。用心聆听别人说话，表示我对你有兴趣，表示我想了解你，表示我尊重你，表示我想从你身上学到一些东西。

那就是为什么人际关系学大师戴尔·卡耐基会说："透过'对别人感兴趣'在两个月内所能结交的朋友，多过你花两年去'让别人对你产生兴趣'。"一旦人们说出自己心中所想，有人听了、注意了，心情就会觉得舒坦愉悦，仿佛身上某个痛处或痒处，一下子消失不见。

所以，真正会说话的人，必然是听话高手。

曾有个学生问哈佛大学教授柯布兰："如何学习说话的艺术？"

教授说："假如你听，我就说。"如此沉默了片刻，学生说："教授，我在听。"

教授说："你已经学会了。"

你有在听吗？很好，你也学会了！

有人问墨子："多说话有没有益处？"

墨子回答他："青蛙、蛤蟆整天不停地叫，叫得口干舌燥也没人注意到它的存在，可是公鸡每天早上按时啼叫，一啼大家就知道天亮了。可见话说多了并没有好处，只要说得是时候就行了。"

就像柏拉图说的："聪明人说话，是因为有话要说；愚蠢的人说话则是因为想说。"

下回要开口说话时，记住下面这五点：

一、不要急着说，才不至于说些蠢话。

二、不要自夸，才能避免别人妒忌。

三、不随便承诺，才能避免失信于人。

四、不吹嘘，才不会成为讨厌的人。

五、不要以为自己什么都知道，才能学到不知道的事。

23

空杯心态

天下的水，没有比海更大、更宽阔的了。因为它把自己放低，让无数河流的水不断流入，可是大海始终不会满溢出来。

人也一样，懂得虚怀若谷才能不断成长，一旦志得意满就难有进步。就像一个瓶子的瓶盖被拧紧的时候，无论我们试着倒多少水，或倒多少次，都无法为瓶子添满水，水永远装不进去。

杯子要先空掉，才能装进更多水

一个满怀失望的年轻人千里迢迢来到寺院，对住持说："我一心一意要学画画，至今还未能找到令我心满意足的老师。"

住持笑笑问："你走南闯北了十几年，真的没找到满意的老师？"年轻人深深叹口气说："许多人都是徒有虚名，见过他们的画作，有的甚至不如我。"住持听了淡淡一笑说："既然施主的画技高过一些名家，可否请你为老僧画上一幅，留作纪念？"说着，便吩咐小沙弥取来笔、墨、砚和一叠宣纸。

住持说："你能不能为我画一个茶杯和一个茶壶？"

年轻人听了，立即拿起笔，自信满满地说道："这太容易了。"

年轻人寥寥数笔，就画出一个倾斜的水壶和造型典雅的茶杯。那水壶的壶嘴正徐徐吐出一脉茶水，注入那茶杯里。

"这幅画您满意吗？"年轻人问住持。

住持微微一笑，摇了摇头说："你画得确实很好，只是把茶壶和茶杯放错了位置，应该是茶杯在上，茶壶在下。"

年轻人听了，笑道："大师何以如此糊涂，哪有茶壶往茶杯里注水，而茶杯在上，茶壶在下的？"

住持听了，又微微一笑说："原来你懂得这个道理。你渴望自己的杯子里注入那些画画高手的香茗，但你总把自己的杯子放得比那些茶壶还要高，香茗怎么能注入你的杯子呢？"年轻人思虑良久，终于恍然大悟。

常低头，才不会撞到头

从事教育工作多年，我常从学习成果中发现，那些谦逊的学生认为自己什么都不懂，总是努力钻研、拼命练习，结果成效远比那些自满的人好得多。而高估自己实力的人考试没过，轻敌的结果反而是落败。怪不得大文豪毛姆会说："唯庸才，方志得意满。"

在现实生活中，因自大、自傲、懈怠而导致一败涂地的故事不胜枚举。有很多人不自觉就犯了自傲的毛病，一旦有点小成就，就趾高气扬殊不知，当一个人自以为学够了的时候，才正是虚心学习的开始。

据说美国大政治家兼科学家富兰克林，年轻时曾去拜访一位长辈。当他一脚跨入长辈家大门时，由于门框太低，富兰克林的头不小心撞到横梁，痛得他哇哇大叫、眼冒金星。

"是不是很痛？没关系，这是你今天来看我最大的收获！"那位长辈帮他抚一抚头说道："你必须'常低头'，才不会'撞到头'！"

富兰克林将这句话铭记在心，从此待人谦虚有礼、谦恭为怀，最后成为有名的政治家。

你看，那些越成熟的稻穗，头压得越低，只有败穗才会迎风招展、趾高气扬，不是吗？

老子说：不自以为是，反而会受到别人肯定；正因不自夸，别人反而会抬高你；由于眼里没有自我，别人反而会重视你；不炫耀自己的功绩，别人反而会赞赏你；不夸耀自己的才能，别人反而会尊敬你。

这就是建立人际关系的要诀：真正谦逊地放低姿势，别人自然会帮你提升。

这也是提升学习效果的要诀：真正谦虚地放低姿势，让别人的智慧流向你。

24

没有所谓的理所当然

如果你每天对某个人嘘寒问暖却从未被他感谢，心中作何感想？如果你为某人提供食物、衣服和遮风避雨之处，却得不到一句谢语，又会觉得如何？

大部分人会不高兴，甚至再也不给那个人任何东西，毕竟，连简单几句道谢都不懂的人，根本不值得你付出，是吧？

但当你的父母为你这么做时，似乎就变成是应该的，有时还会被你挑剔，为什么？因为你认为那是理所当然的，对吗？这就是问题所在。

当你认为你的父亲赚钱养家是理所当然的，你便觉得说声感谢是多余的。

当你认为你的母亲忙碌家务是理所当然的，你便懒得主动帮忙洗个碗、拖拖地。

当你认为你的父母嘘寒问暖是理所当然的，你就不会感恩，甚至还嫌他们唠叨。

香花久闻就不香，还可能让人生厌

这故事你或许听过：有个女孩跟妈妈大吵一架，气得夺门而出，决定再也不要回到这个讨厌的家了！一整天，她在外面闲逛，肚子饿得咕噜咕噜叫，但偏偏又没带零用钱出门，可又拉不下脸回家吃饭。一直到晚上，她来到一家面摊旁，闻到阵阵的香味，真的好想吃一碗，但身上又没钱，只能不住地吞口水。

忽然，老板亲切地问："小姐，你要不要吃面啊？"她不好意思地回答："嗯，可是……我没有带钱……"老板听了大笑："哈哈，没关系，今天就算老板请客吧！"

女孩简直不敢相信自己的耳朵，她坐下来，不一会儿，面来了，她吃得津津有味，并说："老板，你人真好！"

老板说："哦？怎么说？"女孩接着回答："我们素不相识，你却对我那么好，不像我妈，根本不了解我的需要和想法，真气人！"

老板又笑了："哈，小姐，我才不过给你一碗面而已，你就这么感激我，那你妈妈帮你煮了二十几年的饭，你不是更应该感激她吗？"

被老板这么一讲，女孩顿时有如大梦初醒，眼泪夺眶而出！顾不得还剩下半碗面，立刻飞奔回家。

才到家门前的巷口，就远远看到妈妈焦急地在门口四处
张望，她的心立刻揪在一起！有一千句、一万句的对不起想
对妈妈说，但还没来得及开口，只见妈妈已迎了上来："哎
哟！你一整天跑去哪里了？吓死我了！来，进来把手洗一
洗，吃晚饭了。"

这天晚上，女孩才深刻体会到妈妈对她的爱。

这盏默默守候的灯，让你忘了夜的黑

很多时候，我们对外人比对家人更温柔体贴。朋友关心
你，你会心怀感激，但一回到家，同样关心的话就变成"管太
多"；有人请你吃顿饭或帮个小忙，让你感动，但为你做最多
的人你却视若无睹。

我想起《朵朵小语》上有一篇"路灯"的文章：

"许多个夜里，回家的路上，你经过那盏路灯，但也只是
经过而已。你从不曾发现它为你照亮了前路，反正它一直都站
在那里，它的存在如此理所当然。

这时你蓦然明白，这盏默默守候在你归途上的灯，曾经让
你忘了夜的黑。"

想想看，你周遭有没有这样的人，一直默默为你付出，你

却连声道谢都没有。你在等什么?

　　我们通常不会在对方生前，而往往是等人死后才惊觉，有很多话来不及说，想表达的感谢还摆在心里；为什么不现在就说?

　　我们很少对亲人表达感激的原因有好几个。我问过学生，一般听到的借口都是："他们应该知道我的感觉，不需要我亲口说出来吧！"还有"有时我也想说，可就是不好意思！"更糟的是"都那么熟了，有什么好说的！"可是当我问他们是否喜欢受到别人的肯定和感谢时，十之八九的答案都是："很喜欢。"这就对了！

　　每个人都盼望可以得到别人的认可，你不也是吗？尤其是得到父母、另一半、朋友与上司的认可。他们也一样。

　　然而鼓不敲不响，你不说出来，谁知道呢？

一个人最可悲的并不是他输了，而是他本来会赢。

当人自视甚高，能力又不错时，往往缺乏耐心；而耐心不够的人，只想逞一时之快，很容易半途而废，而由于根基没打牢，所以往上发展的空间有限，最后成就也非常有限。

有人说，想玩要趁年轻，让人生是彩色的，然而如果你急着把人生的颜料随便挥霍，接下来的人生很可能只剩黑白。

Part 5

你做事的态度

25

用愿望克服欲望

　　人们的欲求可分"愿望"和"欲望"两种。我们常有梦想和希望，像是想考上好学校、想要身材苗条、想买房子、想要成功，这些我们"想得到的"都是愿望；而欲望则是我们"想做的"，像是买喜欢的东西、想睡觉、想偷懒、想吃喝玩乐等等。

　　如果你想要达成愿望，就一定要让你的"愿望"比"欲望"更强才行。譬如说，想要存钱买房子的人，若常常因一时冲动就买了一些不该买的东西，买房子将遥遥无期。

　　想要瘦下来的人，若一看到美食就嘴馋，不管做多少运动，都很难瘦下来。

　　想要考上好学校的人也一样，若是每天都贪玩，怠惰懒散，那么愿望就很难实现。

你是否也成了欲望的俘虏？

在我还是个孩子的时候，每次生病都待在家里，不必去上学，还可以躺在床上做白日梦。而我姐姐生病的时候，她仍然继续读书。当时，我怀疑她是不是脑袋烧坏了。明明可以偷懒，为什么还傻傻地起床读书？几年后，她考上第一志愿，我才了解到：她并不傻。

你是不是跟多数人一样，总是感到懊恼：你明知道要努力用功，你心里很清楚这是为自己好，但你却没有那样做，你还是继续上网、看电视，或者一有朋友打电话来，就立刻跟他出去玩。也可能你正在读书，可是读不进去，因为你的心思不集中，总是想东想西；或者你已经设定了某个目标，却有时做、有时不做，即使做也只做一半。你知道自己可以做得更好，但就是不肯尽力而为。

有多少次你答应过父母的事，后来都失信了？你有多少次都是等到快来不及才开始做事，使自己陷入压力所导致的歇斯底里当中？你有多少次答应自己，不要说某些话、做某些事，却因为没有做到，后来干脆放弃？你是否也成了欲望的俘虏？

先做你应做的事，才能做你想做的事

你想达成愿望，就必须先学会自律。以作家来说，写作需要很大的自律，你必须日复一日，每天早晨一起床，便必须绞尽脑汁地思考，分心的人是无法写出作品的。不止写作，我相信任何工作都一样，成功是经常地、努力地、不间断地倾入心力的结果。

有位通过台湾大学甄选入学的学生，他一个人就包办四个商学系。记者问他是怎么办到的。

他说，当财富管理师是他的愿望，为了准备口试，他几乎每天以图书馆为家，并在一个月内，每天花三四个小时，把一整年的《天下》杂志看完，详阅三四十天的财经报纸，且一面阅读还一面做笔记、背诵，硬是把财经时事塞进脑里，以应付教授的面试。

是啊！生命中有哪一样美好的东西是轻松得来的？不管你喜不喜欢，有时你就是必须约束自己，去做你不想做的事。

记住，唯有先做你应做的事，将来才有可能做你想做的事。

　　古人说："一个人的智慧胜过飞禽，就可以捉住飞禽；一个人的智慧胜过野兽，就可以猎得野兽；一个人的智慧胜过别人，就可以获得别人的服从。"

　　这话说得很妙！也就是当你可以征服自己时，你就可以超越自己；当你超越自己时，天底下还有什么不能超越的？

　　把你的愿望写下来，它可促使你起床就看见目标，而决心可助你行动，自律可让你贯彻到底；用愿望来征服你的欲望！

26

你的时间用在哪里，成就就在哪里

　　我们都知道生命是珍贵的，因为时间有限，每一个瞬间都是一去不复返的。

　　朱自清在《匆匆》一文中写道："洗手的时候，日子从水盆过去；吃饭的时候，日子从饭碗过去；默默时，便从凝然的双眼前过去；我觉察日子他匆匆而去，伸手挽留时，他又从手边悄悄溜走……"可叹的是，我们并没有好好珍惜，而是在不断地浪费。

重视你的时间，因为时间就是生命

　　我曾听过一个比喻：假如有个被判无期徒刑的人，终身被监禁在监狱里，在那里有一座水塔，他不知道水塔里有多少水（可能也不会太多吧）。依规定，他只能用水塔的水，用完也不能再补充。想象一下，这名囚犯每次取水的感受如何呢？他会毫无顾忌地随便浪费吗?

其实我们每个人也有这样一座水塔，它就是"时间"，没有人知道自己还剩多少，更可怕的是大家都一再地挥霍。尤其是年轻的时候，总以为自己还有很多时间，等到五年、十年过去，一事无成才感慨万千。

小李每天有二十四小时，和他一起进公司的小张每天也有二十四小时，不同之处在于他们怎么利用自己的时间。小李口才不错，也很有自己的想法，但每次有空闲，他都找朋友闲聊，什么也没做。

相反的，小张一有空就阅读，遇到问题立刻请教前辈，几年后，他不但获得硕士学位，还升任了部门主管。而小李呢?只是更老一点而已，其他什么也没发生。

抓住的时间像宝石，没抓住的像流水

有句话说得好：时间像一张网，你撒在哪里，收获就在哪里。

想想，如果你每天用一个小时阅读，一星期看完一本书，一年可以看完五十二本书。你从中获得的知识，将使你与同侪有别，不论你从事哪一个行业，都将使你居于上风。

同样的一小时，我们也可以去看地上的泥巴，去看天上的星星；我们可以抱怨时间匆匆，后悔流逝的过去，也可以善用时间，创造美好的未来。

生命的结构很简单，就存在于每一个小时里，当我们用每个小时去做比别人更有意义的事，就会比别人有更丰富的生命。

话说一大早，太阳还没有出来，一个渔夫来到了河边，在岸上他感觉到有什么东西在脚底下，原来是一小袋石头。

他捡起袋子，放在一旁，坐在岸边等待日出。他等待黎明，以便开始一天的工作，他懒洋洋地从袋子里拿出一块块石头丢进水里。因为没有其他事可做，他继续把石头一一丢进水里。

慢慢太阳升起了，大地重现光明，这时只剩一块石头还在他手里，其他石头都丢光了。当他借着日光看清楚他手中所拿的东西时，心跳几乎要停止了，那是一颗宝石！

原来在黑暗中，他把整袋宝石都丢光了！在不知不觉中，他损失了多少！他充满懊悔，咒骂着自己，伤心地哭泣，几乎要失去理智。

然而换个角度来看，他还是幸运的，至少还有一颗宝石留了下来。

我们在世上剩下的时光，就像这颗最后的宝石，能不好好珍惜吗？快把握现在吧！

每天我们都有必须做的事，有些是紧急的，有些是重要的。要善用时间，首先要区分紧急与重要的事。

朋友电话邀约是紧急的，但完成课业是重要的。

连续剧开演是紧急的，但把工作完成是重要的。

准时赴约是紧急的，但安全抵达是重要的。

遵守截止日期是紧急的，但保证工作质量是重要的。

决定什么是最重要的，然后设定好目标与先后顺序，不要让紧急的事影响到重要的事。

27

只差一点，天壤之别

每次看到办事草率或粗心大意的学生，总会再三提醒，然而得到的回答通常是："马马虎虎啦！"或"只差一点，有什么关系？"

但很多事也许就差那么一点：学生写作文，只差一个字而已，回家却被父亲痛骂一顿，因为他把"列祖列宗"写成"劣祖劣宗"；火车八点十五分开，他八点十六分到达火车站，只差一分钟而已，但火车开走了；大学录取线的最低分数是三百二十五分，他考了三百二十四分，只差一分而已，便没录取。

洪兰教授提过：报载两个小学时坐在一起、功课不相上下的同班同学，因联考差一分，一个上榜继续念书，一个落榜做学徒。四十年后，一个是旅美学人，回国讲学，一个是装潢师傅，耳朵因职业噪音而患了重听病。虽然只差一点，结果却天壤之别。

世界最远的距离，是"只差一点"

有个男孩，从学校带回英语期中考卷给爸爸签名。爸爸看了，觉得"五十九分"马马虎虎，还过得去，便签了名，并顺手拿给妈妈看。

妈妈看了考卷，一脸不悦地把儿子叫到面前，说：

"这题目这么简单，你怎么会答错呢？真是粗心大意！"

"因为试题太多，答不完！"儿子嬉皮笑脸地说。

此时，女儿也在一旁帮弟弟说话："没关系啦，才少一分而已。"

"才少一分而已？"妈妈很正经地回答，"以前你爸爸在参加大学联考时，如果成绩再'少一分'，就考不上了；考不上大学，就不会跟我同班；不跟我同班，就不一定会认识我；不认识我，就不会跟我结婚；不跟我结婚，这世界上就不会有你们两个人！知道吗？"

妈妈这么一说，姐弟两人听得目瞪口呆，没想到，只是"少一分"而已，竟然有这么严重！

很多事是"马虎不得"的

宋代京城有一个画家，作画往往随心所欲，令人搞不清他画的究竟是什么。一次，他刚画好一个虎头，碰上有人来请他画马，他就随手在虎头后画上马身。那人问他画的是马还是虎，他答："马马虎虎！"那个人不要，他便将画挂在厅堂。

大儿子见了，问他画里是什么，他说是虎，二儿子问他，他却说是马。不久，大儿子外出打猎时，把人家的马当老虎射死了，画家不得不给马主赔钱。他的小儿子外出碰上老虎，却以为是马想去骑，结果被老虎活活咬死了。

这是"马马虎虎"这句俗语的由来，同时也再次提醒大家，很多事是"马虎不得"的。

一匹赛马可能以一个鼻子之差险胜，跑步选手可能以一步之差落败，游泳冠军可能只胜出零点几秒，篮球选手可能在终场铃响前投篮。所有的差距其实都非常非常微小。

在大多数专业领域里也一样，大家都差不多，只需要差一点点，便有大不同。

失败的人，只差了一点点。

成功的人，是多做了一点点。

顶尖的人，则是再多做一点。

小事成就大事，细节成就完美。所以，千万不要只差那么一点，就放弃了。

28

一切从基础做起

古时有位张姓的大户人家，看到附近李家在兴建一栋高大的豪宅，便找来建筑工头为自己盖一栋。工头着手设计，并画好建筑图，拿来给张员外查阅。张员外一看，说："你有没有搞错？我只要盖地上像李家那样高大气派的豪宅，我不要盖地下看不到的部分。"

工头回答说："地下看不到的部分是地基，没有打好地基，就没办法盖那么高大的房子。"

张员外说："我不管，我只想让大家看到我也有高大气派的豪宅，你就给我盖一栋，我只付地上的钱。"

工头只好苦笑、摇头、离开。

各位想想这可能吗？

凡事都要按部就班，急是急不来的

常听说一些有音乐、绘画天分的人，为了更上层楼，去报名参加训练班或是拜师学艺，他们是为了什么？是为了学习新的技巧，改正缺失，也为了打好根基。

许多父母很小就让孩子去上全英语教学幼儿园也是如此，他们不是钱太多或是有虐待狂，而是希望提供最好的语言环境，为孩子打好根基。

不久前，我受同事邀请一道观赏他女儿的钢琴演奏会，才十几岁的小孩，面对一整个音乐厅的观众，竟能弹奏出如此悠扬悦耳的乐曲。一曲终了，她优异的琴艺赢得如雷的掌声。

你认为她的成果是靠临时抱佛脚得来的吗？不，她的成就并非从天而降。她每天坐在钢琴前练习三个小时以上，练了整整十年。在此期间，她必须放弃很多社交活动、看电视，以及其他浪费时间的事，才能打好根基。

就像盖房子，不可能一蹴可就，凡事都必须按部就班，急是急不来的。你不可能像种豆芽菜一样，今天播种，明天发芽，后天就收获；也不可能在春天无所事事，到秋天再辛勤工作，最后得到丰收的成果。

每次写一个字！

东晋大诗人陶渊明不为五斗米折腰，弃官返乡，过起农耕生活。乡邻中有个少年，很想在诗文上有所成就。一天特地登门造访，恭恭敬敬地请教说："老先生学识渊博，不知有什么学习妙法？还望指教一二。"陶渊明听完，哈哈大笑道："天下哪有什么学习妙法，真是荒唐，荒唐。"

见那少年一副似懂非懂的样子，他指着门前一块稻田的禾苗说："你蹲在稻苗前，聚精会神地看，看它现在是不是在长高？"少年看了半天说："没见它们长高啊！"

"真的没见它们长高吗？那么，春天的秧芽，又是如何变成现在尺把高的禾苗的呢？"少年还是摇头，表示不明白。陶渊明又说："这禾苗每时每刻都在长，只是短时之内察觉不到；学习也得靠一点一滴累积，有时连自己都察觉不到，又哪里有什么捷径呢？"

我教过一位学生，她写了三百页的毕业论文，最后终于得到博士学位。在一次聚会上，有人问她究竟是怎么办到的，她的回答是："每次写一个字呀！"这话说得真好！

完成重大任务的有效方法就是一次做一点。就像写书，整体看来这工作似乎很繁重，但如果你一天写一页，就算周六、周日放假不写，一年也能写一本两百六十页的书。

美国作家亚伦·阿诺曾幽默地写道："亲爱的上帝，我祈求能有耐心，而且我现在就要。"这是多数人的通病。

当人自视甚高，能力又不错时，往往缺乏耐心，因为你想速成，但成就一件事需要很多时间，所以脑筋动得快的人常会不务实。

耐心不够的人，只想逞一时之快，很容易半途而废，而由于根基没打牢，能盖上去的有限，最后成就也非常有限。

有人说，想玩要趁年轻，让人生是彩色的，然而如果你急着把人生的颜料随便挥霍，接下来的人生很可能只剩黑白。

29

以一个可见的目标点燃热情

在日常生活中，如果你仔细观察，就不难发现：不论大人还是小孩，只要谈到他喜欢做的事，情绪就会特别高昂。每当我们做自己喜欢做的事，精神也会比较专注、投入，且很少感到疲倦。

比如说，有人去钓鱼，整整在湖边坐了十个小时，一点都不觉得累，为什么？因为钓鱼是他的兴趣，他能从钓鱼中享受到快乐。喜欢赏鸟或看日出的人，可以等候大半天也乐此不疲，相反，做不喜欢的事情就意兴阑珊，像上班、上课时频打哈欠，快迟到了却爬不起床，或才做一会儿工作就无精打采。

英国著名心理医师哈德菲研究发现："人们大部分的疲惫是来自心理因素，真正因生理消耗而产生的疲劳是很少见的。"换言之，你忍受沉闷的功课、工作，又没有更高的抱负与目标，让努力变得具有价值与乐趣，并从中获得力量，这才是倦怠的原因。

你的态度决定你如何体验这个世界

18世纪时,一文不名地从英国移民到美国,并在三十岁那年成为百万富翁的安德鲁·伍德曾说过一个故事。

一个孩童在旧金山海边的山丘下出神地看着工人们操作重型机械,他天真又好奇地走近正在焊接大型铁柱的三个工人。孩童问第一个焊接工说:"你在做什么?"焊接工一脸倦容,很不耐烦地回答:"看不出来吗?我在讨生活啊。"

孩童接着对第二个焊接工问了同样的问题。虽然第二个工人语气比较好,但表情还是很不耐烦:"你看不出我在焊接铁块吗?"

孩童又走向第三个焊接工。听到孩童的问题后,工人暂时放下手上的工作,微笑地看着孩童回答:"我正在建造世界上最美丽的大桥!"

这三个人都是焊接工,在同一时间、同一地点、拿同样的薪水工作,请问这三个人中,谁最有可能成功?谁最快乐?谁最有活力?

是第三个焊接工,对吗?因为他的态度不同。

成功的事背后，一定有一颗热忱的心

许多人做一行怨一行，总是说经济不景气、工作难找、前途暗淡，却很少人反过来想一想，这难道跟自己消极的态度没有关系吗？

态度并不是决定于"你在做什么"，而是决定于"你以什么心态面对你做的事"。工作领薪水是一回事，因为工作而服务人群、带给人幸福，又是另一回事。

我们应该喜欢自己正在做的事，应当每天带着热忱与快乐去上班、上课、学习。当然生活上难免会遇到不顺心的事，或有困难阻碍，但重点在于，你是否想拥有不一样的人生？是否愿意为它付出代价？

如果现在你很难对生活产生热情，那就试着假装吧！譬如说，你认为自己没有吸引力，那就表现得好像自己很有吸引力的样子；或者你缺乏自信，那就表现出很有自信的样子；如果你觉得倦了、累了，甚至病了，就表现出活力、有朝气的样子。只要记得"表现得跟真的一样"就行了。

以一个可见的目标点燃热情，任何阻碍都可以克服。

管理学大师彼得·杜克拉曾说，一个人要随时思考：我人生的目标是什么？这目标要如何落实？

以下是设定目标的三个步骤：

一、写下明确的目标：你必须对目标有明确的想法，以及在什么时候达成目标。把目标写在纸上，每天读几遍。

二、把自己达成目标的情景"视觉化"：找个舒服的地方坐下来并闭上眼睛，假想你已经成就目标时的景象——你看起来如何？你周遭的人事物有什么改变？你自己感觉怎样？

三、列出需要的行动步骤：要订出计划，比如读书计划、运动计划、减肥计划。就像盖房子必须要有施工设计图一样，要用什么材料、什么工具？要在哪里盖？要盖几层？什么样的外观？何时盖好？都要有计划，如此才能帮你有效达成目标。

30

我不是不会，只是还没学会

"我不行！"、"我办不到！"、"我怕做不好！"

这些话听来是不是挺熟悉？怕失败会不会使你打消原本想做的事？也许你想担任某个职务，但怕做不好而放弃；或许你想参加某个比赛，但又担心：如果一开始就输掉怎么办？、如果比赛时，我表现失常怎么办？结果最后不了了之。

人一生中所犯的最大错误是一直害怕自己会犯错。因为不去尝试，又怎么知道结果是什么？

面对失败的态度，将决定是否成功

婴儿刚开始学站立的时候，会不断跌倒又爬起来，但他们不会评论自己的表现如何，或是拿自己和他人比较，"哦！我怎么这么笨！其他的婴儿一定站得比我挺。"

一位科学家，做了几次失败的实验，也不会就此认定自己是一位失败者，否则爱迪生怎么办？他还"有脸"继续实验，进而发明电灯、电报、电影、留声机吗？

我很喜欢篮球巨星乔丹为Nike拍的一段广告，片中他说："我没命中的球超过九千次，输过近三百场。共有二十六次，胜负就决定于我的一投，但我却没投进。"不过可以确定的是，每回他必定回去练习投篮一百次。

所以，不要怕失败。生命是一场试验，需要你亲自去发现。有时你可能会做错，但你的历练就是这么来的；如果你确定那是错的，你就离正确更近。一个人犯的错越多，他学到的就越多。只要跌倒后记得爬起来，那犯错就没有错。

只有不怕失败的人，才不会被失败打倒

说一则故事：

有两个人，一起到一家大公司应征一个重要的职位。那家公司的董事长，对那两个人的履历表看了又看，还是无法决定录用谁。

根据履历表，他们两个人的能力都很强。其中一个，从小到大做事从来没有失败过。另外一个，做事虽然常失败，但最后他还是和另一个人一样，所有的事情都做成功了。

那个公司的董事长考虑了很久，最后决定录用那个经常失败的人。公司里的人都觉得很奇怪，为什么董事长不录用那个做事经常成功的人呢？难道董事长不怕失败吗？

董事长给了答案："我们做事难免会有失败的时候，很显然，他们两个人有一样多的成功经验，可是其中一个，有无数从失败的困境中重新爬起来的经验，另一个却一点也没有。"

董事长停了一下，得意地继续说："我找到的是一个不怕失败的人。"

他说得对，只有不怕失败的人，才不会被失败打倒。

试想，当你看到有人没有手也可以成为杰出的画家；看见有人没有腿，却能成为优秀的跳水和游泳选手；甚至像史蒂芬·霍金这样由于肌萎缩性脊髓侧索硬化症，导致全身瘫痪的人，还能醉心于研究，成为世界最杰出的物理学家，你还有什么借口吗？

记住，一个人最可悲的并不是他输了，而是他本来会赢。

　　如果你获得一个不错的机会，但压力很大，不要让害怕影响你的决定。问问自己："最坏的情况是什么？我可以接受吗？"以及"如果我不害怕，我会抓住这个机会吗？"如果两者的答案都是肯定的，就去做吧!

　　你可以依此类推。比方说，你有机会去演讲，你却觉得害羞，便问问自己："要是我不害羞，我会怎么做？"答案很明显，我会站在台上，说出心中想说的话。

　　我承认一开始并不容易，但勇气就是这么产生的。你尽管害怕，还是继续向前，就超越了自己，这就是勇气。

人们常会抱怨："为什么我有那么多问题、那么多痛苦？"答案是，你没有从正确角度去看待问题——当你把它看成一件坏事，才变成痛苦。

你不会碰上无法处理的问题，你碰到的每一个问题都是为了让你体会自己拥有的能力；都是为了让你发挥更多的潜能。你的经历就是这么来的。

苦难不是人生挫折，而是人生存折。

Part 6

你经历的遭遇

31

要转头，不要回头

很多人常以为我们的生命之路只有两条：

一条正确，一条错误；我们应该在岔路口就先判断出那一条是正确的。

所以，一旦选择的结果不如预期，我们就会后悔自己选错了路。然而，生命并非如此对错分明，如果你选择道路A，你会学到一些东西；如果你选择道路B，同样会带给你全然不同的机会和人生体验。决定并没有对或错，只是路线不同。

没有任何特别的秘诀能帮你做出永远正确的决定。只能说，不论你做什么决定，在当时，对你都是最好的。或许有些选择将你带往上坡的路，有些则是下坡，然而每条路都会引领你得到智慧。

没有错误，只有学习

人回首过往，常会后悔自己做了某个选择，"假如当初……"、"如果我……就好了"；要不就是一心幻想回到过去的某个时间点，那样现况就能完全不同。这当然不可能！因为你永远无法回到过去，就算真的回去，你还是会做一样的选择，因为你还是过去的你，而现在你的后悔、悔恨表示你改变了，这不就是那些错误让你学到的吗？

这就是为什么我常说：没有错误，只有学习。试想，如果每件事都能心想事成，完全契合你的计划，那你能体验到任何新奇的事吗？你的生命将只是无味的成功，无止境的重复。就像打电子游戏，从头到尾都没有任何关卡和障碍，那多无趣啊！

赢和输不是重点，重要的是你从赢或输中得到了什么。有人因为赢而忘了自己，有人因为输而认识自己；有人从磨难中萃取智慧，有人因成功而骄恣放纵。生命的格局，在那一刻高下立判。

我们必须把自己的想法从"输／赢"变成"成长／收获"。把人生想象成是终生学习，每个经验都当作一个课程、一个值得学习的机会，你就永远不会挫败。

凡走过的，都不是冤枉路

我发现大部分人在面对困境和麻烦时，常会问错问题。"假如当初……"是令人泄气的话，只会带来后悔和抱怨，若能改成"下一次"，代表自己已在状况中学到教训，会更谨慎行事。例如，"早知道我就不要答应他"可以换成"我了解他的为人，下一次我不会随便承诺了"。

集中注意力在出错的地方，而非正确的地方，会造成永无止境的挫折循环。不但把问题放大，同时也阻碍我们解决问题。在面对失败也一样，"我赢了／我输了"这些都是错误的问题，正确的问题是："我是否尽了全力／是否从中学到什么"。每条道路都有不同的风景，只要你把人生看成是自己独一无二的创作，就永远不可能走错路。

要转头，不要回头。生命是往前走的，我们应该转头看看"学到了什么"，而不是在频频回首中遗憾终生。

如果你对现状不满，就将思考的重点由"why me"转为"how better"。

人们常会问："为什么我那么倒霉？"、"为什么我老是犯错？"、"为什么别人会这样对我？"……这些以"为什么是我"开头的问句，常会导致消极、沮丧，而使情况变得更糟。

一个聪明、有智慧的人会换个方式问问题，比方说，用"该怎么做才好？"来问自己。"要怎么做才能改善现状？"、"要怎么做结果才会更好？"或是"我应该做什么，才能转变情势？"这么一问，很快就能让你找到方向，让你振作起来。

事情如何发生的并不重要，重要的是我们如何处理，以及最后学到什么。

32

天下没白受的苦

我们何时需要才智呢？当遇到问题的时候。如果人生没有问题的话，我们就会像猪一样。猪没有问题，它们只是吃饭和睡觉；如果我们没有任何挑战，成天只知吃饭、睡觉，就会失去潜在的积极性与进取心，变得越来越迟钝。

人们常会抱怨："为什么我有那么多问题、那么多痛苦？"答案是，你没有从正确角度去看待事物。没错，你确实有问题，但你把它看成一件坏事，它才变成了痛苦。

请了解生活中发生的一切问题都是为了提升你。不管你遇到的困难或磨炼是什么，都是为了提升你的才能和智慧。

好事多"磨"

说一则故事：

一位音乐系的学生走进练习室，钢琴上摆放着一份全新、超高难度的乐谱。

已经三个月了！自从跟了这位新的指导教授之后，他感觉自己对弹奏钢琴的信心跌到了谷底，消磨殆尽。

指导教授是位极有名的钢琴大师。授课第一天，他给新生一份乐谱。"试试看吧！"他说。乐谱难度颇高，学生弹得生涩僵滞、错误百出。"还不熟，回去好好练习！"教授在下课时，如此叮嘱学生。

学生练了一个星期，第二周上课时正准备让教授验收，没想到教授又给了他一份难度更高的乐谱，"试试看！"上星期的功课，教授提也没提。学生再次挣扎于更高难度的弹奏技巧。

第三周，更难的乐谱又出现了……同样的情形持续着，学生每次在课堂上都被一份新的乐谱打败，然后把它带回去练习，接着再回到课堂上，重新面临难上两倍的乐谱，却怎么样都追不上进度，一点也没有因为上周的练习而有驾轻就熟的感觉，学生感到越来越不安、沮丧及气馁。

教授走进练习室，学生再也忍不住了，他向教授提出这三个月来，不断折磨自己的质疑。

但教授没回答，他抽出了最早的第一份乐谱，交给学生。"弹吧！"他以坚定的眼神望着学生。

不可思议的事发生了，连学生自己都讶异万分，他居然可以将这首曲子弹奏得如此美妙、如此精湛！教授又让学生试了

第二堂课的乐谱，学生依旧呈现出高水准。演奏结束后，学生怔怔地看着老师，说不出话来。

"如果，我不给你压力和磨炼，你可能还在练习最早的那份乐谱，不可能有现在这样的程度。"教授缓缓说道。

苦难不是人生挫折，而是人生存折

想想看，是什么决定了弹弓上的石头能飞多远？是看你能把弹弓上的橡皮筋拉多长，对吗？

我也常被学生问到："为什么要布置那么多功课？"我的回答很简单："因为你是这些功课的最终受益者。"

引自奥理略大帝的话："当你肩负重担时，必须了解这对你是件好事。你应该善加珍惜重担带来的考验，并从中获取养分，就好像人的胃从食物中吸取必要的营养来强壮肌肉，或是像在火堆中添加木材后，火会烧得更旺。"

你不会碰上你无法处理的问题，你碰到的每一个问题都是为了让你体会自己拥有的能力；体会你人生中更多的可能，让你发挥更多的才能和潜能。你的经历就是这么来的。

了解了吗？正所谓好事多"磨"。

天下没有白受的苦。

命运若安排让你受伤，是为了让你变坚强；

命运若安排让你受骗，是为了让你变聪明；

命运若安排敌人给你，是为了让你超越自己；

命运若安排让你倒下，是为了让你站得更稳；

命运若安排让你迷路，是为了让你找到新路。

如果你用较大的视角来看，你将了解现在发生在你身上的事，是为提升你的才智；是为了更大的成功在做准备。要不是因为过去发生的那些事情，你将不会是今天的你。

33 / **阻止你的，也是让你起飞的**

Kevin是朋友的儿子，在小学和初中的时候，都是品学兼优的学生，经常被师长赞赏。但升上高中后，却开始叛逆起来，经常与父母争执，令家庭气氛紧张。

有次我问Kevin为什么变得叛逆，他回答说："我都已经长大，不再是小孩子了，应该有百分之百的自由，去做自己喜爱的事，爸妈不该把我当成小孩子来管教。我叛逆是为了争取更多自由……"

当然，父母的看法可能不一样。他们可能认为，自己本来就有教导孩子思想、行为、生活规范的责任与义务，适当的约束绝对是必要的。

风筝没有阻力，很快就会坠落

分享一个故事：

有只风筝在空中飞翔，它看到远处有一片美丽的草地和野花。小风筝对自己说，如果能到那里看看多好，那些花比这里的岩石好看多了。

但有一个问题，风筝的线不够长，不能飞到想去的地方，于是它又拉又扯，终于线断了。风筝快乐地飞向花草，但过没一会儿，就摔下来了。那条似乎使风筝不能自由的线，其实是它高飞的原因。

大多数人以为自由就是能随心所欲地做自己喜欢的事，但这不是自由，是放纵。可能有一些跟你差不多年纪的朋友，他们爱在外面待多久就待多久，要穿什么就穿什么；他们可以随时跟朋友出去，想去哪儿就去哪儿；也许他们的父母太忙了，没时间留意子女在做什么，或是根本管不动他们，甚至放任不管。但这样真的好吗？

我不认为所谓"爱的教育"就是让孩子为所欲为，否则爱之足以害之，就像前面故事中的风筝一样。

当水没有了限制，便摊成一片

有个年轻人对苏格拉底说："我要自由，完完全全的自由。"

"我也想要完完全全、不受任何拘束的自由。"苏格拉底回道。

年轻人觉得很奇怪："那你为什么要有约束的自由呢？"

苏格拉底没有回答，只把杯中的水泼到地上。"你现在能把泼到地上的水收集到杯子里吗？"苏格拉底问年轻人。

"这是不可能的。"年轻人肯定地说。

苏格拉底说："我之所以选择有约束的自由，是因为自由与约束，就像这水与杯子啊！"

我们可以将规范想象成一种容器，就像杯子，我们可以用杯子盛水、携带水或喝水。如果把杯子拿掉，让水自由，但当水没了限制，没有杯子可以依靠，便摊成一片。

生活没有外力的约束，人往往容易涣散，就像没有了限制的水杯，就无法盛水。

自由存在于纪律中，这就是自律。所以，下回当你想要更多的自由时，不妨先问自己是否有足够的自律，如果答案是肯定的，我想父母也就无须设限太多，因为没必要。

父母常会规范哪些事呢?

通常包括做功课、分担家务、回家的时限,也可能包括使用电话、电脑和看电视的规定,或是涉及你在外面的活动,以及与哪些朋友交往。

完全没限制就好吗?

大多数年轻人都承认,家里没有人管就会乱成一团;行为没有约束就很容易走样,甚至误入歧途,还有些人会因此认为父母对自己漠不关心。

因此,不要再羡慕那些爱做什么就做什么的人了,也许他们所欠缺的就是父母的关爱。

你会得到需要的，而不是想要的

人生道路有时曲折，会突然来个大转弯。我们会为这些事情贴上好坏的标签，虽然我们不见得明白发生的理由为何，不过多数人都会选择相信那是神的旨意。

然而如果真的有神，他何以忍心让人们尝尽生命的折磨与苦难？世界许多不公不义之事，诸如天灾人祸，好人反而受到屈辱等，即使普通人都难以置身事外，难道神可以无动于衷吗？这是人们常有的疑惑。神如果是慈悲的，他为什么不多做点"好事"？他为什么不让每个人都顺心如意、心想事成？

在回答这些问题之前，先看下面这则故事。

刀要石磨，人要事磨

有位老师告诉全班同学："现在，所有小朋友把你们的作文簿和铅笔拿出来。我们今天的作文题目是：假如我有一百万元。"

所有小朋友开始认真书写，只有小华继续坐在椅子上，望着窗外的操场发呆。

老师走上前问他："小华，大家都快写完了，怎么你还不赶快努力写？"

小华回道："努力？有了一百万我还需要努力吗？"

柏拉图说过："对一个小孩最残酷的待遇，就是让他'心想事成'。"如果神对你有求必应，给你想要的一切，你要如何成长？你还需要努力吗？

这就是答案。你无法得到你想要的，但你会得到你需要的。

神知道做什么是对你最好的，他会照着对你有帮助的事情去做，而不是照着你的想法去做。他不愿看你一生庸庸碌碌，他会安排你的生命中存在某些挑战来试验你，他会将不喜欢的人、事、物带进你的生活来磨塑你。你也许不喜欢那样，也许想逃开，甚至想抗拒，但神会一直让这些问题发生，一次又一次，直到你通过考验为止。

那些毁灭不了你的，只会使你更坚强

犹太法典说："上天所做的任何事，都是为了最好的结果。"凡是我们称为好或坏的事情，都不过是出自一个既定的狭隘观点。一切发生的事之所以会发生，都有某种深刻的因由。不论发生什么事，都不要靠表面来判断它。

是的，会很艰辛，但透过这历练就会有很大的转变。

是的，会有煎熬，但等苦尽甘来就会有丰硕的果实。

以后当你回顾经历过的所有困境，你会发现，那些毁灭不了你的，只会使你更坚强。有了这分认知；一旦事情深层的意义被了解，无论生命里发生任何事件，好的、坏的、迂回曲折的、事与愿违的，你都会豁然开朗，你都会感激。

　　不论你的遭遇如何，告诉自己："这就是我需要的。"它看起来也许痛苦难受，但你要把它视为一个机会和挑战，勇敢地迎向它。

　　如果你必须经历暴风雨，那么就去经历，但要快乐地、积极地去面对，为什么要表现出悲惨的样子？如果暴风雨是为了让你成长；如果风雨过后会有美丽的彩虹，为什么不欣然地接受？

35 / 你要接刀刃，还是抓刀柄？

　　大多数人的快乐都取决于境遇，当一切顺心就如意，当事与愿违就不如意；环境怎么变化，心境也随着转变。然而环境往往无法尽如人意，那就是为什么人们经常不快乐。

　　所以，从心理学家到励志大师，都一再提到"境随心转"、"正面思考"，我们的心要因不同的环境和处境，而去做不同的调试与转变，才能顺应各种环境。

　　有时我们会碰到一些人，境遇很好，他们却活得不快乐；还有些人处境悲惨，却可以苦中作乐，为什么？其实关键就在正面思考。将这种"转念"发挥得最淋漓尽致的人，无疑是丹尼尔·笛福（Daniel Defoe）笔下的鲁滨孙。

我们无法改变处境，但可以改变心境

　　当鲁滨孙漂流到无人荒岛时，他并没有茫然失措地坐等死

神召唤，他做了一件事救了他自己：他从海滩上捡起船沉后漂到海边的纸跟笔，并列出了两张表。一张列着他现在所面对的困境，一张列着他拥有的优势。

困境是：我被困在一座无人岛上，获救无望。

好处是：我还活着，没有像其他同伴一样被淹死。

困境是：我完全找不到任何衣服可以穿。

好处是：我漂到非常炎热的地方，用不着穿衣。

其余的以此类推。

最后他决定，要把那些负面的、无法改变的事实通通都忘掉，一心一意只想那些正面的事。

我们当然可以说鲁滨孙的行为是一种自我欺骗，因为那些被列出来的"困境"并没有消失。但透过"正面思考"，他不再追求遥不可及的梦想，而是看重已经拥有的东西；他不自怨自艾，反而冷静地以智慧和毅力化解重重危机。他主动掌握了生命的主导权。

只要面向阳光，你就永远看不到黑暗

飞镖俱乐部有句名言，"命运向你甩出匕首时，你有两个对策：接刀刃或抓刀柄。"你要接刀刃，还是抓刀柄，全由你决定。

我听说有两个人，他们在同一场车祸中受伤了，一个很沮丧，另一个却还每天笑嘻嘻的。

他们的反应为什么这么不同？因为很沮丧的那个人不断愁眉苦脸地问自己："为什么我那么倒霉，遇到这种事？"而另一个却说："感谢老天，我还活着！"

日本经营之神松下幸之助也讲过一个故事：

有两个乡下人一起到城里谋生，他们一到城里就目睹了一副景象：城市里有人在卖水。甲说，这城市连水都要花钱，生活费用太高，很难维持生计，于是打退堂鼓，回到乡下去了，从此过着贫困忧郁的生活。乙的看法则正好相反，他说城市里连水都可以卖钱，那么赚钱一定很容易，于是留在城里工作，发展出一番事业来。

生活本来就不完美，不管什么环境，即使它看起来是负面的，我们也必须尝试看它正面的部分。这就是乐观——即使在最糟的情况下也能看到最好的一面。

我们无法改变处境，但可以改变心境；我们无法改变人生，但可以改变人生观。没错，只要面向阳光，你就永远看不到黑暗。

　　每当遇到问题时，问自己："这可能有什么好处？"接着，至少想想这问题会产生哪两个有价值的成果，要是真的什么都没有，那这个问题总还能磨炼你的心性，像同情心、耐心及信心等等。

　　阿拉伯有句谚语："别恼怒玫瑰花丛带着刺，应该庆幸，在刺丛中长出玫瑰。"世人常因玫瑰多刺，而抱怨上苍，却少有人因刺上有玫瑰，而感谢造物主。

　　当命运递给你酸溜溜的柠檬，只要加点糖，它就能变成好喝的柠檬汁。

36

相信自己，希望就在不远的地方

从前，有一老一小两个相依为命的瞎子，每天靠弹琴卖艺过日子。一天，老瞎子终于支撑不住，病倒了，他自知不久将离开人世，便把小瞎子叫到床头，紧紧拉着小瞎子的手，吃力地说："孩子，我这里有个秘方，可以使你重见光明。我把它藏在琴里面了，但你千万记住，你必须等到弹断一千根琴弦，才能把它取出来，否则，你是不会看见光明的。"小瞎子流着眼泪答应了师父。

一天又一天，一年又一年，小瞎子谨记师父的遗嘱，不停地弹啊弹，并将一根根弹断的琴弦收藏着。当他弹断一千根琴弦的时候，那个小瞎子已到了垂暮之年。他按捺不住内心的喜悦，双手颤抖着，慢慢打开琴盒，取出秘方。

然而，别人告诉他，那只是一张白纸，上面什么都没有。就在他听到的一瞬间，他笑了。

原来那个秘方就是"希望之光"。他突然明白了师父的用心，倘若没有它，或许他早就被黑暗吞没；或许早已在苦难中倒下。就因为有希望的支撑，他才坚持到了现在。

人可以绝望，但不能没有希望

关于希望，最特殊的一点就是完全出自内心。许多重症病人都经历过梦魇般的岁月，他们之所以能从煎熬中挺过来，都因为怀抱着"希望"；许多在灭绝人性的集中营里的战俘，经验到难以想象的恐惧和折磨，也是抱着一线"希望"，才存活下来的。

我曾听说过一个苏丹小男孩的故事。他的村落被一群反抗者占领，他们几乎杀光了全村的人，包括小男孩的父母。小男孩躲在一堆瓦砾堆下装死，因而存活下来。

小男孩带着很少的食物和水，徒步走了几百里，因为父母曾经告诉他，在河口有个姊妹村庄，如果发生紧急情况可以逃到那里。他花了数星期走路，用尽所有力气，只是靠着"希望"，终于抵达新的村庄，并得到良好的安置。

希望就是在你倒下前，一直支持着你、不让你倒下的力量。

在你看到之前，你必须先相信

每个人都需要希望。例如，你希望考上好学校，或希望人际关系有所改善，或希望能战胜病魔，或希望梦想会实现。一个希望代表一道光芒、一个让人突破困境与黑暗的力量；不论有何困难、试炼与挫折，只要心怀希望，就能忍受痛苦，坚持下去。

如果你怀有希望，那么采取必要的行动就显得很重要。因为光是希望还不够，我们还必须跨出充满信心的步伐。如果你想考上某所学校，就必须拟定读书计划；如果你患病，就必须为康复拟定计划……真正的信心便会尾随行动。

希望可以不断幻灭，不可以幻灭的是信心，就像这只充满信心的蜗牛：

一个寒冷多风的日子里，一只蜗牛开始爬樱桃树。有只麻雀取笑它说："你这么努力爬，但难道你不知道树上没有樱桃吗？"这只蜗牛没有停止，继续往上爬，说："当我到达时，那里将会有樱桃。"

是的，相信自己，希望就在不远的地方。

第一步，写下希望。

拿出一张卡片写下心中最深的希望与需要，它可以帮助你在最灰心的时刻、最无助的境况下，找到坚持下去的力量。

第二步，相信希望。

如果你没有打开窗帘，太阳升起你也看不到；如果你不相信希望，就感受不到自信。你必须表现得好像希望成真一样，这样才会找到自信。

第三步，走向希望。

人生道路重要的不是你的出发点，而是你前进的方向。所以，赶快踏出你的第一步吧！

生活就是我们一整天在想的每一件事。

如果你一直怀着正面的想法，你的人生就会往正面的方向前进；如果你的想法总偏向负面思考，那你也会过消极的一生。你过得如何，拥有什么样的人生经验，只要看你平常最常想的事，便可得知。

Part 7

你的每个念头

37

每一个经验都是从想法开始的

什么是影响你人生最重要的关键？

答案不是生辰八字，不是星座血型，也不是出生背景，或是婚姻事业，更不是任何人。想出来了吗？没错，是你的想法。

如果你有焦虑的想法，你就会变得焦虑；如果你有悲伤的想法，你就会变得悲伤；当你转个念头，想着快乐，你就会感到快乐；当你有爱的想法，你就会体验到爱。改变想法，你就改变了经验。

还记得上回你心情不好是什么时候吗？当时你为什么会如此气愤、沮丧、挫折？一定是先有了负面的想法，对不对？有了愤怒的想法，你才会生气，有了消沉的想法才会感到沮丧，有了挫败的想法才会觉得挫折。每一个经验都是从想法开始的。

生活就是我们一整天在想的每一件事

心理学有个著名的"ＡＢＣ理论"。A指事件的起因，B是想法，C是事件的结果。相同的A可能导致不同的C，关键就在B。

例如，某天从巷子里冲出一只狗把你吓了一跳，当时如果你想："这疯狗！差点撞到我！"你就会觉得自己很倒霉，心情自然也不会太好。反之，如果你的想法是："喔！还好冲出来的是狗而不是车子。"你还会觉得自己倒霉吗？不，你可能会觉得很庆幸，对吗？

朋友约会迟到，如果你想的是："那么晚还没来，真不守信。"你当然会不高兴；而如果你想的是："他会不会出了什么事？"这时你非但不会生气，反而还会替他担心。

骑车跌倒受伤，如果你心想："小灾避大难。"心情很快就会释怀；但如果你想："最近是不是走霉运？"便会联想到最近发生的所有不愉快的事，情绪也跟着低落。

生活就是我们一整天在想的每一件事。如果你一直怀着正面想法，你的人生就会往正面的方向前进；如果你的想法总偏向负面思考，那你也会过消极的一生。

有一半是满的，还是有一半是空的

你是否听过这个测验，在一公升的玻璃瓶中倒进半公升的水，然后请别人描述这个瓶子，看他们认为瓶子有一半是满的，还是有一半是空的？这能够提供给我们一个确切的依据，了解对方大致的人生观。

人有什么观念，就有什么行为；

人有什么行为，就有什么习惯；

人有什么习惯，就有什么性格；

人有什么性格，就有什么命运。

当你人生不顺遂时，你可以问自己：我是否因为"悲观的人生观"才造成"悲惨的人生"？

我完全同意哲学家亨利·大卫·梭罗说的："一个人的命运决定于他对自己的想法。"你过得如何、拥有什么样的人生经验，只要看你平常最常想的事，便可得知。你觉得自己命不好，那是因为你只看到水杯"空的一半"。

想改变人生经验有两种方法：

第一是改变事件。清除你不喜欢的每件事，并引进你喜欢的每件事。不过由于没有人可以掌控人生经验，因此常导致紧张、冲突、挫折与失望。

第二是改变想法。你不能控制每件事，但你总可以控制你对这件事的想法。有趣的是，当你改变对这件事的想法，你也改变了经验。

思想是人生的方向盘，当我们转念的时候，也就是在转动人生的方向盘，使我们的人生朝不同的方向前进。

医院里有两个患者，他们得了一模一样的疾病，其中一人相信，他的病很快会被治好，几天后就能回家；另一个人却想，这种病很难治疗，而且这家医院的医生看起来又不怎么样，说不定会越搞越糟。谁的看法是对的？

两个人到同一座寺庙去求神，其中一个认为这座寺庙很灵验，有求必应；另一个却觉得不灵，祈求的事都没实现。哪一个是对的？

答案是：以上皆对。

为什么？

因为"信则灵"。

为什么信就会灵呢？

因为任何被你认定的事实都会成真。

相信就会看见，看见就会实现

有三个年轻人想尝试创业，但心里又有不安，于是他们不约而同地到一座灵验的寺庙里问神。

神明给了三人相同的指示：到寺庙后面的花园，找那棵最大、最老的树，你们就可以看见改变人生的启示。

三人遵照指示，找到了那棵树。树上有一只罕见的大蜘蛛，正在结网。眼看蛛网已接近完工，突然一阵大风吹来，把蜘蛛网吹破了。这只蜘蛛只好重新开始，但即将完成之际，天空却落下大雨，又摧毁了蜘蛛网。三个人看完后都若有所思地回家了。

好几年后，三人在朋友的婚宴上巧遇。第一个年轻人还是跟以前一样郁郁不得志；第二个人后来换了工作，发展还算顺利；至于第三个则发了大财，成了成功的企业家。

谈起当年的往事，第一个年轻人感叹地说："神明给我看了蜘蛛结网的启示，让我明白如果贸然辞职，结果一定是一事无成，所以我继续待在原公司，至今果然也没有什么太好的发展。"

第二个人听到这番话，很惊讶地说："是吗？我当年看到蜘蛛结网，心想：'这只蜘蛛如果等天气好了再来结网，一定可以省很多力气'。所以我后来等到经济回暖，就连忙转换跑道，现在事业颇为顺利！"

　　第三个人皱起眉头，说："神明不是希望借由这件事，鼓励我们'越挫越勇'吗？所以我后来就鼓起勇气创业，也的确在遭逢许多挫折之后渐渐步上轨道，稳定经营着一家大公司。"

不管你认为自己幸运或倒霉，你都是对的

　　佛经上说："我们的一切表现是思想的结果。"圣经上也说："你所说的、心里所相信的，都将成真。"

　　如果你相信人性本善，你就会遇到一些好人，好事也会陆续发生在你身上；如果你认为人性本恶，你就会感知人性险恶的一面，对别人的疑心病也越来越重，然后别人对你的反应会更加验证你的看法。

　　我认识两个人，他们在同一个部门上班，主管常会交付额外的工作给他们，其中一人认为，主管是吃定他，才会找他麻烦；另一个人却认为主管很看重他，才会找他帮忙。

　　后来果然，前者经常遇到麻烦，而后者则受到重用。

　　就像有句老话说的："不管你认为自己幸运或倒霉，你都是对的。"你相信什么，看到的就是什么。

　　不管你相信什么，只要信念够强就会变成真的。

　　每天不断肯定地告诉自己，说自己是个乐观进取的人，让你的姿态、言谈、想法，都表现出你已经是这样的人，你会惊讶于心情比以前好得多，也更有自信，然后你就会更深信这套心灵改造方法的神效；这就是相信法则（The Low of Belief）。

39

我就知道会发生这种事

有位年轻人开车到乡下，半路上车子爆胎了，他打开后车厢，发现没有千斤顶，然而四周都是荒野，只有远处有户农家，在这个大热天里，他只好心不甘、情不愿地走去借。

边走他边想："这户人家又不认识我，不可能会把千斤顶借给我！"他越想越觉得对方一定不会借给他，因为他的车离得那么远，对方一定会担心他借了不还……他不断地往坏的方向想，越想心情越糟。

所以当他到达这户人家门口时，心情已大受影响，便不自觉地用力敲人家的门，所以对方一开门，就说："你敲门怎么那么没礼貌？"

他一听，心想完了：我就知道他不会借我！结果东西还没借到，就跟对方吵了起来。

我们总是将事情想象成不好的结果，以至于当坏事真的降临时，我们就说："看吧！我预测得果然没错！"甚至觉得有点安慰，"还好没有太乐观，否则现在情形可能会更悲惨。"

"悲观的人生观"造成"悲惨的人生"

为什么人们那么习惯把事情往坏处想呢？

原因之一是人们很怕挫折、怕期待落空，因而先预期"事情绝对没有想象中顺利"，如此就算失败了，也证明自己有先见之明，需要承担的风险与努力自然小多了。

另一个原因则是，我们总对"人生不如意事十之八九"深信不疑。所以，每当有人想做些新的尝试或面对挑战时，人们很少去鼓励，反而会泼冷水："事情没有你想的那么简单，别一厢情愿了"、"竞争者太多，你没机会的，我劝你还是死心吧"。即使"侥幸"成功了，许多人还是会怀疑："这么好的事，怎么可能落在我身上？"

雅雯就是这样，她刚从学校毕业，在一家公司谋得会计之职。她没有相关工作经验，却在几十位应征者中脱颖而出，实属不易。起初她兴奋莫名，但过了些时日，她感到越来越不安，心想："自己运气不会那么好吧！接下来一定会发生什么坏事。"

结果过了两个星期，她外出时家里遭了小偷，于是她对自己说："我就知道会发生这种事。"

失败的最大前兆即是预测可能会失败

当好运来到我们生活中，我们却说："我不相信有这种好事。"这么做就真的把好运推开了。

好的预言往往带来好的结果，好的结果又强化了原先的预期果然正确。相反的，坏的预言往往导致坏的结果，而坏的结果又证实了先前的预期果然正确。

这类情形也常发生在学校。被编到"放牛班"的学生常有"看坏自己"的倾向，这与教师的预期有关，因为学生知道老师对他们的期望不高，加上自己被编到"放牛班"，成绩已无可救药，便对自己也不抱什么期待，进而影响他们各方面的表现；这即是心理学上的"我实现的预言"。

有位教授在谈到"老是对自己说丧气话"这个问题时，他说：

"我经常碰到这样的事。有的学生不停地跟自己说'我考不上，我无法通过考试'。搞得心情非常消沉，结果真的没考上。做笔试时，他们一看到考卷就相信自己一定会不及格；口试时，一看见主考官脑袋就糊成一团。这就好像他们不停在劝自己，'一定要失败、一定要失败'似的。"

没错，一开始就担心失败的人，其实已经做了预言。

失败的最大前兆即是预测可能会失败。

如果你觉得自己没有吸引力，你能吸引到什么样的人？

如果你认为自己没什么价值，你怎能期待得到更好的评价？

如果你相信自己会被打败的话，那你已经先把自己打败了，不是吗？

有句话说得好："不是因为有些事情难以做到，我们才失去信心，而是因为我们先失去了信心，事情才显得难以做到。"

打开僵局和解决问题的方法有很多，但你若一开始就假定它行不通，显然它就行不通。

40

你看着哪里，就会往哪里去

你有没有这样的经验？经常觉得自己好像快感冒了，结果第二天就真的感冒了；在课堂上不想被老师点到名，结果老师偏偏点的就是你。

你跟某人最近闹得不愉快，心情大受影响，于是你告诉自己："我不要再去想那个人了！"但是整天下来最常出现你脑海里就是他。

人们尝试避免的事，就是他们会得到的事。如果你不相信，试试这个练习：不管你做什么，都不要去想一只粉红色的猴子。

怎么样？你刚刚是不是跟我一样，也想到一只粉红色的猴子？

担忧就是祈求你不想得到的东西

美国斯坦福大学的一项研究显示，人大脑里的图像会像实际情况那样刺激人的神经系统。比如当一个高尔夫球选手击球前一再告诉自己："不要把球打进水里"时，他的大脑里就会出现"球掉进水里"的情景，结果事与愿违，球就真的掉进水里。

我们经常会在棒球比赛的转播中，听到解说员这么说："这位投手的高球很难打。"选手多半也已知道，不过，他们还是会挥棒；越是觉得"高的球打不到"，意识就越集中在高球上，所以球来的时候，反而会不由自主地挥棒。

当我们一直担心某件事时，即是"预期会发生那件事"，结果就发生了。在生活中我们经常看到类似的例子。

失眠患者每到夜晚就感到焦虑，担心又是一个难熬的夜晚，然而他越感到焦虑就越难入睡。

主管若认为某员工懒惰且不负责，不信任他，不愿交付他太多职务，那这名员工就会因为没有事做而变得懒散且没有表现。

一个怕自己紧张会手忙脚乱的人，他心里越怕，就越容易手忙脚乱。

注意你想要的，而不是你不要的

曾有位跳伞的学员受伤送医，当被问及事发经过时，他回忆道：

"原本一切都非常顺利，我一边沿着降落场一侧滑翔，一边小心翼翼地照着学过的步骤进行着陆前的准备。就在此时，我发现一棵光秃秃的树枝伸向我，我无法转移视线，眼里只看见它。我一边想着不要往下，可是却不断往下。"

"你为什么不避开树呢？"在一旁的教练问。

学员说："我并不想要撞上那棵树，可是却偏偏撞上了。"

教练说："其实你有足够时间可以避开，可是你却眼睁睁让自己撞上去。你的眼睛看着哪里，人就会往哪里去。要是你不想降落在某样东西上，就不该盯着它看。"

这就是我要传达的，当你看着哪里，就会往哪里去。我们应把注意力放在自己"想要的"，而不是"不要的"事物上；永远不要"聚焦"在任何你不想它发生的事情上。

我们留意的是什么，得到的就是什么。与其严防着不想要的，倒不如好好想自己想要的是什么。

譬如说，如果你害怕失败，就将注意力放在成功上，想象自己已经获得成功的感觉和喜悦；如果你害怕变老，那就经常保持年轻的心态，让全身上下都充满朝气与活力；如果你讨厌某个人，那就去想一些你喜欢的人！

只要你能把注意力放在一些美好或期待的人、事、物上，结果便会朝那个方向前进。

41

与其忙着除草，还不如种花

有一个足球队的教练在比赛前一天，把所有的队员带到一栋十层楼高的顶楼。在这栋与另一栋高楼之间，架着一块木板，他要大家从木板上走过去，可是大家看到高楼下面的车水马龙，都面面相觑、裹足不前。

接着教练将这块木板取下，放在顶楼的平台上，要大家从上面走过去，大家便轻松地鱼贯而行。

教练笑着对队员说："同样的一块木板，放在平地上，你们能轻易走过，是因为你们的注意力放在这块木板上，可是将这块木板移到两栋十层楼高的建筑物之间，就很少人能从上面走过去，因为你们的注意力放在木板下面的景象上。"

教练停顿一下，转而严肃地对大家说："你们在踢球时，注意力不要集中在群众、媒体或输球的可能性上，而是要专注在球上，才能发挥潜力把球踢好。"

第二天球赛，足球队果然不负教练的期望，以悬殊的比分击败了对手。

把眼光放在发挥优点，而不是掩饰缺点上

我们的心一次只能注意一件事。你不能同一时间想着接球又想着丢球，也无法想着比赛，同时又想其他的事，你只能选择其一。

我曾看过一篇女歌唱家成功的故事：

有一位老先生在听完女歌手的演唱后，到后台告诉她："你有歌唱的天赋，但照现在的情况继续下去，你不会成功。"

女歌手很惊讶地说："为什么？"

老先生说："不瞒你说，你有些龅牙，你在歌唱时一直想掩饰它，所以嘴巴忍不住想合起来。你听我说，龅牙并没有什么不好，它正是你的特色。不要在意你的龅牙，好好去唱，才能唱出你最好的歌声。"

这位女歌手因为长辈的指点，在歌唱上脱胎换骨，成为成功的歌手。

这就好像照相机的镜头，放在哪里，就看到哪里。如果你想成功，就应该把眼光放在发挥优点，而不是掩饰缺点上；如果你想早日康复，就要想如何过美好的生活，而不是整天想着对抗病魔。

一位克服了癌症的年轻人说："有人问我如何治好癌

症，我总是说：'我没有去管我的病，我只是决定要专注在生活上。'"

没错，与其去想"我不想死"，何不去想"我要怎么活"。

焦点转换，悲惨的遭遇就变成美好回忆

有个学生在失恋后消沉了好几个月。我问她："最近是否好些了？"

"没有，我还是忘不了他，"她说："每想到他，就觉得很难过。"

"你可以把注意力放在失去的伤痛上，也可以怀念过去美好的感觉和快乐的事。"我说。当焦点转换，悲惨的遭遇就变成了美好回忆。

如果我对你说："从现在起，不要去想柠檬，别想柠檬汁酸气扑鼻的味道，别想那刺激的酸味。"如果我不断告诉你不要柠檬，你会不会想着柠檬？答案几乎是肯定的，除非你一心想着柳橙或其他水果。

最近有位朋友问我："这几年来，我试着戒烟很多次，但不管多努力，每次都失败，该怎么办？"

我告诉他："与其跟想要戒除的事物对抗，不如努力灌溉

你想要的事物。当你想抽烟的时候，可以做些你感兴趣的事，例如听喜欢的音乐、读书、寻求朋友的陪伴，或到外头散散步等等，来转移注意力。只要抽烟不再是你最注意的事，它就会渐渐被你遗忘。"

　　了解了吗？与其忙着除草，还不如种花。

　　就像一杯水，无法同时冷又热，我们也不可能同时很喜欢又很讨厌、很乐观又很悲观，你可以交互想两件事，但绝不可能在同一时刻想两件事。

　　所以，当心情低落的时候，你可以借由这种方法，以正面的想法来填满你的心，如此负面情绪就没有立足的空间。

　　心中有信任，就没有空间留给怀疑；当你想着那个人的好，就不会想着他的坏；当你伸出友善的手，就不可能握紧拳头；当你内心充满光亮，就不可能继续留在黑暗里。

42

对，我会登上梅特隆山的北麓

画家在画布上落笔之前，脑海里必有一幅理想的构图；建筑师设计一座大厦之前，一定已经在心里看到了这座建筑的全貌；作曲家谱出一首曲子之前，心中已经听到了完整的作品。在你能够做到一件事以前，你一定要先清楚地在心里看见它。

研究潜意识的权威，乔瑟夫·马菲博士认为：大多数被称为成功者的人，多半会"先看见目标完成"，他们在自己心中反复上演自己美梦成真的景象。

达成目标之前先"看见目标完成"

奥运金牌得主狄克·弗斯伯利说："每次参加比赛前，我一定会打起精神，在心里勾勒一幅景象，'感觉'到那完美、毫无缺点的一跳，然后酝酿着一定会成功的心境去参加跳远比赛。我的成功来自心中的想象，和预期一切都完美。"

　　美国有位奥运花式溜冰选手，她经常会在冰上摔跤，于是教练要她在心里描绘出自己成功地完成一项高难度的跳跃动作。没想几个星期后，她不仅能在脑海中完成双回旋跳跃，也能在冰上成功演出。

　　世界知名长笛家高威也利用类似的策略。他说："我常在旅馆房间内拿出长笛，然后想象演奏会的情况。假设我要到卡内基音乐厅演出，我就在旅馆房间假想自己站在卡内基音乐厅舞台上，开始练习。等我真的到达卡内基音乐厅演出时，就没有任何问题了。"

　　许多外科医生在进开刀房之前，会把过程详尽地在心里演练一遍；有些医师教病人运用想象力，想象他体内的白血球大军与癌细胞对抗，并战胜了癌细胞的情景。最后都能得到极佳的成果。

　　所以，如果你想加速实现愿望，或是得到成功，请现在就开始发挥你的想象力。

你必须在看见事情成真之前相信它

　　不久之前，我为一群减重班的学员上课，他们的问题大多是"肥胖"的形象已根深蒂固。所以我建议他们闭上眼睛，在脑海里想象自己变得苗条、轻盈的样子，然后再进一步想象自己去买心爱的衣物，以及家庭生活和上班的情形。

有些毕业生进入职场时常会担心面试，我也会建议他们预想事情的整个经过，从穿什么衣服、面试时感觉心情平稳且自信，到他们充分表现自己的能力、足以胜任该职位为止。有些学生告诉我，这种心灵扮演非常有效。

扮演就是要娴熟于"仿佛我是"（as if）的模式，表现出仿佛我很有魅力、充满自信、比赛获胜、到达目的地……你不需要相信眼睛所看到的，但你要看到你所相信的事。

我听说多年前，一支国际性的探险队要攀登梅特隆山的北麓，这在当时是前所未有的壮举。

记者们前去采访这些来自世界各地的探险队员。一位记者问这群队员中的一个说："你是不是要攀登梅特隆山的北麓呢？"那人回答说："我会为它付出一切。"另一位记者也以相同的问题问另一位队员，这位队员说："我会尽最大的努力。"之后，记者又问了一位年轻的美国人："你是不是要攀登梅特隆山的北麓呢？"这位年轻人看了山一眼，然后说："对，我会登上梅特隆山的北麓。"最后只有这位年轻人成功人登上北麓，因为只有他"看见了目标完成"。

布道家舒乐博士（Robert Schuller）说："有些人爱说：'看了才会相信。'我却说：'信了才会看见。'你必须在看见事情成真之前先相信，而一旦你相信，你就看见了。"

现在就开始练习。

一、找个安静的地点。

二、培养平静的情绪，使自己的意识和身体放松下来。

三、向自己重复说出，你希望自己培养出什么样积极的行为，或是想实现什么愿望。

四、在脑海中"看"到自己已经达成的样子。

五、接受这个画面，并把它想象成生活的一部分。

六、让自己沉浸在这项新成就所产生的积极感觉中。

当你运用想象的能量，相信未来的美景必会出现时，就会有难以想象的力量，帮助你完成梦想。这就是想象力的魔力。

我们常忽略小问题，认为"这是一件小事，不会有太严重的后果"，却没想到一滴水接着一滴水，也会累积成湖泊。

　　人如果在小事上不能把持，最终也无法在大事上持守，就像巨树被白蚁蚕食，倒下只是迟早的事。

Part 8

你的所作所为

43

习惯不是造就你，就是毁掉你

　　有个学生，每次见到同学抽烟就躲得远远的，因为他知道抽烟有害身体健康，而且被学校发现会被记过处分。

　　有一次，他与同学一起出游时，几个同学又在抽烟，其中一个人邀他一起抽，他拒绝了。那位同学说："吸一口就好了嘛！吸一口又不会死人。"他禁不住同学一再怂恿，就吸了一口，结果被呛得一把眼泪一把鼻涕。事后他想：香烟这么难抽，怎么还有那么多人在抽呢？

　　几天之后，那位同学又叫他抽烟，他回答说："烟很呛，我不敢抽。"同学就说："第二次抽就不会那么呛了。"他半信半疑地吸了一口，虽然还是很呛，但确实好多了。这样经过一段时间后，他也抽起烟来了——习惯成自然。

等觉察有坏习惯时，大多已根深蒂固

　　柏拉图曾告诫一个游荡的青年说："习惯一旦养成后，就再也无法改变了。"

那个青年回答："逢场作戏有什么关系呢？"

柏拉图正色道："不，一件事一经尝试，就会逐渐成为习惯，那就不是小事了！"

没错，像说脏话、发脾气、找借口、吃零食、弯腰驼背、抽烟喝酒、赌博吸毒，等等，刚开始时，都是不经意的，但等到我们觉察自己有这种坏习惯时，大多早已根深蒂固。这就是习惯的可怕。

我们自以为崇尚自由，但当我们养成习惯，就会上瘾，到时候反而无自由可言，因为我们已成为恶习的奴隶。

不能控制自己的人，便无自由可言

我听过石油大王保罗·盖帝的一个故事。

第二次世界大战期间他住在法国，有天半夜两点他醒过来，烟瘾犯了。他开灯，自然地伸手去抓他睡前放在桌上的那包烟，结果里面是空的。他接着搜寻衣服口袋，也一无所获。

他叹了口气，下床穿衣，走到泥泞的街上，外面正下着大雨，离此一里外的夜间市场才有卖香烟。过了二十分钟，才走到半路，泥浆已溅得他满脚都是，他停下脚步，仿佛被闪电击中一般，他抬头望着倾盆大雨，朝着隆隆雷声大叫道："我这是在干什么？"

这是盖帝第一次意识到习惯的巨大力量，他下定决心，从此再也不吸烟。

早在古希腊时期哲学家毕达哥拉斯说过："不能控制自己的人，便无自由可言。"所以，早点克服你的恶习吧，不然恶习最终会将你征服。

一口吃不成胖子，但胖子却是一口一口吃出来的。

英国剧作家王尔德说："起初是我们养成习惯，之后是习惯养成我们。"

好习惯不容易养成，一旦养成一辈子受用；坏习惯很容易养成，一旦养成一辈子受制。

好习惯是最好的仆人，坏习惯是最坏的主人。你有权选择其一。

44 / **你只需要弯一次腰**

你曾有走路时，鞋里进了一颗小石子的经验吗？你只需要拿掉它就行了，但你若嫌麻烦，就会走得不舒服，严重的话还可能脚痛、发炎。

我们曾经多少次让不该发生的事发生？明知道应该除去，却假装它不存在而置之不理；或因一时的怠惰，把原本简单的事变得很复杂？

我常看到学生原本一次就可以把作业写好，他们却不这么做，而懒散的结果，就是草草了事，最后还被要求重写；准备期中考只要累一次就好，却不好好准备，结果除了成绩难看，还可能得补考，反而更累。

再如，与人发生误会，不去处理或澄清，造成彼此心结，后来形同陌路；不按时缴款，最后可能被罚款，甚至留下不良记录；身体异常不去就医，演变成大病，必须长期就医，甚至住院；衣服弄脏懒得清洗，结果时间一久，污渍怎么洗都洗不掉。

怕麻烦的结果是更麻烦

有个学生白天要上课，晚上还到便利商店打工，回到宿舍往往累得倒头就睡。生活忙碌加上偷懒，换洗的衣服都直接丢进篮子里，等到篮子满了，再一并清洗。

这样的生活方式维持了半年之久，渐渐地他习惯了这样的生活。

有一天，他发现有些衣物上的污垢怎么刷洗都去除不掉，他觉得很懊恼，于是尝试用强力漂白剂，将这些泛黄的衣物全部放进脸盆，浸泡数小时。虽然白色衣物上的污垢是有明显减少，可是却无法完全清除。

最后他拿到洗衣店，问老板这种情况该怎么处理，老板告诉他说："只要衣服超过一星期不洗，衣服上的油垢就会慢慢累积，积得越多就越不容易洗干净，到最后根本就洗不掉了。"

这就是怠惰的代价——怕麻烦的结果是更麻烦。

如果你想剪掉长发，分次剪是没必要的

歌德在他的叙事歌谣里，曾讲过这样一个故事：

耶稣带着他的门徒彼得远行，途中发现一块破烂的马蹄

铁，耶稣要求彼得把它捡起来。可是彼得懒得弯下腰，便假装没听见，于是耶稣就自己弯下腰捡起马蹄铁，拿到铁匠那儿换了三块钱，并用这些钱买了一盒樱桃。

离开城镇后，两人继续前行，沿途越走越荒野，彼得的脚步渐渐变慢，不停地用手扇着风、喘着气。耶稣猜到彼得很渴，就把藏在袖中的樱桃悄悄地掉出一颗，彼得一见，赶紧捡起来吃。耶稣边走边扔，彼得也狼狈地弯着腰沿路捡。

最后，耶稣拿出袖里剩下的最后一颗樱桃，摊在彼得面前，笑着说："如果当初你照我的话做，你只需要弯一次腰，而不用沿路没完没了地弯腰。"

可不是吗？如果你想剪掉长发，分次剪是没必要的。

　　人们逃避痛苦最常用的方法就是拖延，然而拖延行动，并不会让痛苦减少，甚至会延长痛苦的时间。

　　想想看，有哪几件事是你过去一直拖延的？写下来，然后依照下面的问题回答：

　　一、为何我一直没行动？是想到会有什么痛苦吗？

　　二、我之所以一直沉溺在某种负面行为中，是觉得有什么快乐？

　　三、如果我现在不改，将来可能付出哪些代价？又会有什么结果？

　　四、如果我改变，将会得到哪些快乐？

在美国科罗拉多的隆古斯山上有棵大树倒下了。

植物学家说，这棵大树的树龄已有四百年，当哥伦布发现新大陆时，它只是一株幼苗；当英国清教徒在普利茅斯登陆时，它还只是一棵小树。

在长成茁壮大树的过程中，它经历过十四次雷劈，无数次风雨摧残，但始终昂然挺立。然而，有一天，这棵耸立于山顶的大树忽然在一声巨响后，不支倒地。是什么原因让它垮掉了呢？

不是风雨，不是雷电，而是小小的白蚁。寄生在树上的蚁群钻进树中，不断啃噬侵袭，大树终于抵挡不住而倒下。如果大树有知，一定没有想到它的敌人竟是小虫。

湖泊是一颗颗水滴累积出来的

我们常忽略小问题，认为"这是一件小事，不会有太严重的后果"，却没想到一滴水接着一滴水，也会累积成湖泊。

有些人常吃夜宵，虽然明知夜宵对身体不好，还会造成肥胖，却总想着："吃一点应该没关系吧！就算会变胖，到时再减肥就行了！"直到几个月、几年过去，发现衣服穿不下、血脂太高，才惊觉事态严重！

吸烟对身体有害，大家都知道，可是吸烟者却自我安慰："吸一口又不会得癌症，癌症是吸很多年才可能得的。"于是又吸了很多年，因为担心得癌症，想把它戒掉，这时又安慰自己："吸烟的人不一定都会得癌症，很多人不吸也得癌症啊。"然后又继续抽。

我们读到许多贪污、诈欺与经济罪犯的报道，那些人也不是一开始就偷盗一大笔钱，他们通常是由几百、几千元开始的，然后才是几万元。他们想："反正拿一点也没有人会发现。"接着当机会一来，就会在利欲熏心下犯下大案。

"温水里的青蛙"的故事，大家应该听过。待在温水里的青蛙本来可以跳出来的，可为什么会被煮熟呢？因为水温一开始并不热，而是慢慢上升的，等它意识到太热已经来不及了。

在小事上不能把持，在大事上也无法持守

一个女生手头拮据，在报纸上看到一则"应征会计"的广告，便去应征。

她循地址前往面试地点，才赫然发现那里是一家色情酒店。她掉头就想离去，却被老板叫住："别担心，我们绝不会强迫你去陪酒，只要单纯负责会计工作就好。况且，现在工作不好找，我们会计的薪资比其他公司都高，你可以考虑考虑。"

她想了想，认为老板说得也有道理，便开始在这家酒店担任会计。两个月过去，老板问这个女生："要不要考虑转任服务生？"女生断然拒绝。

老板又说："我们店里的服务生又不用喝酒，只要端端饮料、清洁包厢就好啦，工作很单纯，薪水却比你当会计多出一倍。"女生想了想，觉得多赚一点钱也不错，便转任服务生。

再过了两个月，老板又问："你要不要考虑当坐台小姐？"女生摇摇头。

老板说："你自己也看到了，我们店里不强迫坐台小姐出场，只要穿着漂亮衣服陪客人唱唱歌、喝喝酒，薪水却比你当服务生多一倍，况且还有小费可拿呢！"女生受不了高薪的诱惑，决定转任坐台小姐。

又过了两个月，她看到其他小姐被客人包出场，又拿红包，又穿名牌，心里很羡慕，便也跟着"下海"，很快便成为酒店红牌。

某天，她听到老板对前来应征的女孩说："别担心，你只要当会计就好，绝对不用陪酒……"她这才发现，自己来应征会计，也不过是几个月前的事。

人如果在小事上不能把持，最终也无法在大事上持守，就像巨树被白蚁蚕食，倒下只是迟早的事。

　　每个作为都一定会有某些后果，那是在你做的时候就决定的。所以，我们在做任何事之前，请务必"再往下想一点"。

　　假设你今天抽了一根烟，就想如果每天都抽烟，几十年，会有怎样的后果？

　　假设你晚上吃夜宵，就想如果每天都这样吃，我的身材和健康会变得如何？

　　假设你乱丢一个可乐罐，就想如果每个人都像我一样，环境会变成什么样？

　　假设你想放弃理想抱负，就想如果我每次都不坚持，人生会是怎样的结局？

　　想过了，就去看看自己是否真的要这样的结果？如果不要，那就改变你的作为吧！

46

最好的介绍信

你可曾凡事尽力做好、见义勇为、乐善好施，但因无人注意到而觉得泄气？你自动自发整理房间；同学挑毛病时，你没有和他们斗嘴；遇到邻居时，你礼貌地问候；地上有纸屑，你捡起丢垃圾桶；看到老弱妇孺，主动起身让座……你做了很多"好事"，却好像没人注意到，也没得到任何好处，真令人失望、气馁，甚至想放弃算了。

然而你是否想过，当你做坏事，或与人交恶，谁的心情会不好？当你与人为善，做了好事，心情是不是完全不同？是谁感受到这好心情？是你，对吗？这就是为什么先圣先贤一再提到美德，美好行为本身即会带来美好的感觉，你永远不会觉得后悔，你会觉得后悔，那是因为你有所求。

其实，不必急于让别人注意，或计算为谁做了什么；不必为了这些事斤斤计较。因为你做的任何事，都在表达自己，而受益最多的人也是你自己。

你的所作所为，说明你是怎么样的人

有篇名叫《最好的介绍信》的故事，正好可以传达我的意思。故事叙述了一位先生登报招聘一名员工到他的办公室做事，约有五十多人前来应聘，但这位先生只挑中了一个男孩。

"我想知道，"他的一位朋友问："你为何选择那个男孩？他既没带一封介绍信，也没有任何人推荐。"

"你错了，"这位先生说："他带了许多介绍信。当他走进办公室时，轻巧地把门关上，说明他做事小心仔细；看到那位残疾老人进来时，他立即起身让座，显示他有礼貌又懂得体贴他人；当我和他交谈时，我发现他衣着整洁，头发梳得整整齐齐，指甲修得干干净净。你不认为这些细节就是极好的介绍信吗？"

就像美国大诗人朗费罗所说："我们以自己能做什么来衡量自己，而别人是以我们做了什么来评断我们。"我们的所作所为就是最好的介绍信，因为它们表明了自己是怎么样的人。

一根头发也有影子，凡事再小都不可忽略

记得美国第二十五任总统威廉·麦金莱在决定由谁担任大使的时候，也遇到过类似的情况，他的智囊团提出了两个学历

在伯仲之间的候选人。

麦金莱总统一看到名字，完全没考虑，就划掉了其中一个。

原来，在麦金莱还是众议员的时候，有一回因事外出乘坐公交车，正好有位倦容满面的妇人，手里抱着一大堆东西，蹒跚地上了车，就站在麦金莱所划掉的这个人的身旁，当时这人把手里的报纸挪了一下，遮住自己的脸，装作没看到。

而麦金莱就坐在后座，把这一切都看在眼里，他看不过去，把位置让给了这个疲惫的妇人。

麦金莱总统后来对人说，这个人大概做梦都不会想到，一个小小的举动，会使他失去了辉煌的前途和事业。

所以，不必懊恼没有人注意到你，你要注意的是，自己做了什么不该做的事，那才是你该懊恼的。

　　作家肯特·齐思写了著名的"矛盾十诫"的人生原则。过去三十年来，在世界不同的角落被广为流传。在这里与大家分享：

　　一、人都是逻辑不通、不讲道理、只顾自己的，但不管怎样，还是要爱人。

　　二、你做好事，别人说你是为自己打算，但不管怎样，还是要做好事。

　　三、你成功以后，会获得假朋友和真敌人，但不管怎样，还是要成功。

　　四、你今天所行的善事，明天就会被遗忘，但不管怎样，还是要行善。

　　五、诚实与坦率待人，常使你受到伤害，但不管怎样，还是要诚实坦率。

　　六、眼光远大的人，会被心胸狭隘的小人打击，但不管怎样，还是要眼光远大。

　　七、人都会同情弱者，可是只追随赢家，但不管怎样，还是要为弱者奋斗。

　　八、你多年建立起来的东西，极可能毁于一旦，但不管怎样，还是要建设。

　　九、别人急需帮助，你帮了忙后竟然被他们攻击，但不管怎样，还是要助人。

十、你把最好的自己献给了世界，却大大受挫，但不管怎样，还是要献上最好的你。

47

这就是你和他们之间最大的差别

有位老师带学生出游，涉水过河，一不小心跌进一个深洼。他不会游泳，只能在水中一边拼命挣扎，一边大喊救命！

这时，一个人正在河边钓鱼，听到呼喊声不仅没有伸出援手，反而收起钓鱼竿，转身就走。

后来多亏学生及时赶到，才救了他一条命。

学生异口同声地谴责那个钓鱼的人："见死不救！真没道德！"那人回嘴："奇怪了，我又不认识他，救他也没好处，我为什么要救他？"

学生非常生气，想继续和对方理论，却被老师制止，只能勉强压抑这股怒气。

过了不久，那个钓鱼的人涉水过河，不小心也跌进深洼。他同样不会游泳，只好一边拼命挣扎，一边大呼救命！

老师和他的学生在河边散步，听到呼救声就快步跑了过去，用一根长竹竿把那人救了上来。等看清救上来的人的面孔，学生都后悔了，说："早知道落水的是他，我们就不救了！"

老师拍拍学生肩膀，平静地说："不，救他，正是我们和他之间最大的区别！"

假如你不做，你就不是你

人常会质疑说："他对我不好，为什么我要对他好？"、"他没帮我，我为什么要帮他？"却很少人反过来想，如果你跟他一样，你们又有什么不同？

当人们对我们好时，我们也可以对他们好，这很容易。但真正的"好人"是即使别人对他不好，他也会对别人好。

有人可能会说："要求回报有什么不对？"当然，没什么不对。但如果我们的"付出"或"给予"只为了"获得"，不就成了交易或买卖吗？

这种情形会演变成："对方回报够不够？"如果不够，你就认为对方不知恩图报，那你为什么还要为他付出？为什么要做吃力不讨好的事？

而我的看法是：我们有自己的原则和坚持，那是因为我们知道"我是谁"，所以才会这样做，这跟别人如何回应无关。

你在定义自己，他也在定义自己

一位修女要为孤儿院募款，因此特地去拜访一位吝啬的富翁。

当天富翁因为股票跌停，心情不佳，认为修女来得不是时候，大为光火，挥手就打了修女一记耳光。

但这位修女不还手也不还口，只是微笑地站着不动。

富翁更恼火，骂道："怎么还不滚！"

修女说："我来这里的目的，是为孤儿募款，我已收到您给我的礼物，但他们还没有收到礼物。"

富翁因修女的态度，大受感动，以后每月自动送钱到孤儿院去。

当你越清楚自己是谁，就越能把问题变成："我是这样的人，因此我心甘情愿、无怨无悔。"就像许多当义工的人，他们甚至会选择别人看来非常辛苦、非常厌恶的事，只要在我们心中觉得这就是自己，那一切都不成问题了。即使别人不感激，甚至责难也没关系——这就是你和他们之间最大的不同。

你认为自己是怎样的人？

如果你是"正直"的人，你可以问自己："如果我很有正义感，我很正直，我会怎么做？"

如果你是"慈善"的人，你可以问自己："如果我很有爱心，心胸宽大，我会怎么处理？"

如果你是一个"教徒"，你可以问自己："如果我是耶稣，或是佛陀，我会怎么回应？"

当我们越清楚自己是什么样的人，就越不会跟人比较和计较，因为"我就是这样的人"，不是吗？

48

你给出什么，就回来什么

有个小男孩跟父亲走在山中，一不小心跌倒了，他忍不住大叫一声："啊！"令他吃惊的是，他听到一个声音从远处山中的某处传来，重复他的声音："啊！"

小男孩好奇地大声问："你是谁？"

结果他得到的答案也是："你是谁？"

小男孩生气了，大声吼着："讨厌鬼！"

这次他得到的回答也是："讨厌鬼！"

小男孩好奇地问父亲："这是怎么一回事？"

父亲笑着对儿子说："儿子啊，注意听喔！"

父亲大吼一声："你好吗？"

结果另一个声音传回来的也是："你好吗？"

父亲又再一次大声说："你好棒！"

那个声音也回答："你好棒！"

小男孩感到非常诧异又不解，于是父亲向小男孩解释说："一般人称这为'回音'，但实际上这是'生命'。"

你怎么对别人，别人就怎么对你

我们给出去的，最后都会回到自己身上，这是生命基本的原则。

如果你咒骂，那个咒骂将会回到你身上；如果你对人恶言相向，别人也会对你恶言相向；如果你伤害别人，哪天别人也会回报给你。你怎么对别人，别人就怎么对你。

有个厨师在农场掌厨多年，他话不多，总是面带微笑。每天晚上，在所有访客用完餐后，厨师还要负责员工的晚餐。农场的牛仔们常喜欢作弄他，像是将地鼠和蛇放在他的床上，或是把蟾蜍丢进他靴子里。虽然他常被这些恶作剧吓到，但他总是很快就恢复一贯的冷静。某天傍晚，当牛仔们抢着去盛厨师煮的汤喝时，其中一位牛仔问："我们总是逗弄你，但你好像从来不会生气，为什么？"

这厨师微笑着回答说："因为我会在汤里吐口水。"

我们的任何行为都避免不了后果。每个结果都有一个特定的原因，每件事情的发生都有一个理由，这就是所谓的因果法则。

你最后能得到多少，就看你给出多少

你想得到什么结果，只需要看看别人，他们是怎么做的，然后做与他们同样的事。假如你想有更大的成就，你只要照着大成就者的作为，去成就更多的人，你就会获得更大的成就。这不是奇迹，而是因果。

凡是你希望自己得到的，你必须先让别人得到。如果你期望被人关心，就要先去关心别人；你希望得到宽恕，就先宽容别人；你想得到赞美，就先去赞美别人；想得到快乐，就先带给别人快乐；想得到成功，就先带给别人成功。己所欲，施于人。当你帮助别人去获得他们想要的东西，你也必然能获得自己想要的。

人们总以为别人是别人，我是我，我跟别人是分开的；这是人们之所以很难成功、快乐的原因。

想想看，当你把别人压低，自己有可能提升吗？当你过河拆桥，不给人留后路，是不是自己也没有后路？

再想想，当你周遭的人都很悲苦，你能很快乐、很享受吗？当每个人都是一张臭脸，你怎么笑得出来？

所以，孔子说："己欲立而立人，己欲达而达人。"我快乐，所以希望你快乐；我成功了，所以也要帮你成功。独享，你只能看到单一色彩；分享，却可以从别人眼中，看到不同色彩。

当你格局变大，不再局限在自己，你会发现，你的世界突然变大了，一切海阔天空。

幸福不是指什么好事降临到我们身上，而是我们做了某些好事；不是指我们从生命里得到什么，而是我们为生命带来了什么。

引述爱尔兰剧作家萧伯纳的话："人生真正的欢欣，就在于你自认正在为一个伟大的目标发挥自己；而不是源于独自发光、自私渺小的忧烦躯壳，只知抱怨世界无法带给你快乐。"

我建议大家，每天早上出门前，都应该先这么想一遍："今天，我能做些什么，让这个世界因我而变得更美好？"

把注意力由"如何从别人身上得到什么"转换到"我可以为别人做些什么"或"有没有用得上我的地方"。那么，你将发现你的人缘越来越好，生活越来越快乐，生命的格局越加开阔。